AF617663

Silvia Agüero Fernández
Nicolás Jiménez González

El deber de resistir

Memoria y luchas del Pueblo Gitano

txalaparta

PRIMERA EDICIÓN DE TXALAPARTA
Febrero de 2026

EDITORIAL TXALAPARTA S.L.L.
Calle Mayor, 63
31001 Iruñea · NAFARROA
Tfno. 948 703 934
info@txalaparta.eus
www.txalaparta.eus

ISBN
978-84-10246-87-4

DL NA. 90-2026

DISEÑO DE CUBIERTA
Mikel Tristan

EDICIÓN
Ane Eslava

MAQUETACIÓN
Amagoia Arrastio Ágreda

IMPRESIÓN
Gráficas Iratxe
Polígono Agustinos, calle M, 5
31160 Orkoien – Navarra

txalaparta

Índice

Dedicado a nuestras dos hijas y a nuestros dos hijos en un intento de que entiendan por qué dedicamos tanto tiempo al activismo contra el antigitanismo.

Y a las palestinas y palestinos que nos están dando una lección de dignidad y lucha.

En enero de 2026, mientras concluimos la revisión de este trabajo, el Pueblo Gitano continúa su lucha histórica contra la opresión y la exclusión. Al mismo tiempo, el mundo presencia con horror el genocidio en Palestina.

Presentación

Soy una rebelde alborotadora para las mentes bienpensantes porque me aferro a la verdad y no admito el elogio condescendiente de los benevolentes.

MELANIE SPITTA[1]

HACE MUCHO, MUCHO, MUCHO TIEMPO, tanto que Silvia ni siquiera había nacido y Nicolás estaba terminando la EGB. Era el siglo pasado, ¡nada menos! Y las cosas, incluso las escuelas, eran diferentes. O eso nos parece. El caso es que uno de los maestros de Nicolás tuvo a bien regalarle *Los zincali,* de George Borrow[2], libro que aún conserva lleno de subrayados y anotaciones en los márgenes, fruto de su curiosidad infantil. En *Los zincali* encontró un mundo, unas personas, una lengua y una cultura que nunca existieron y que eran solo el producto de la imaginación de aquel payo. Silvia, por su parte, desde bien joven, entendió por su propia experiencia

1. Melanie Spitta (1946-2005) fue una cineasta y activista sinti alemana.

2. George Henry Borrow (1803-1881), escritor, viajero, romántico, viajó por Portugal y España entre 1835 y 1840 contratado por la Sociedad Bíblica de Inglaterra como colportor de biblias protestantes editadas en las lenguas vernáculas y sin anotaciones para que la palabra de Dios llegara a los creyentes sin intermediación de ningún tipo de sacerdote o intérprete. A partir de esas experiencias escribió *La Biblia en España* y *Los zincali,* obras con las que contribuyó a promover la imagen medievalizada y exótica de España, lo que atrajo a un buen número de viajeros que vinieron al país en búsqueda del exotismo moro y gitano. A pesar de su falta absoluta de rigor, es considerado como fundador de la gitanología.

vital que la mayor parte de las cosas que la gente solía afirmar con toda rotundidad respecto de las personas gitanas y sus costumbres eran grotescas mentiras.

Ambos hemos llegado así al convencimiento de que todo lo escrito, pintado, dicho, filmado, fotografiado, esculpido y/o cantado por payos y payas respecto de nosotras y nosotros y nuestra historia, cultura e idioma era apócrifo, falso, inventado, creado con la intención de mantenernos fuera del orden humano, de exotizarnos, de convertirnos en gentes sin historia (Gómez Alfaro, 2009), sin patria (Scott, 2009), sin un idioma como Dios manda (Fonseca, 1997); atribuyéndonos una organización tribal y unas costumbres arcaicas; presentándonos como seres machistas, violentos, delincuentes... En fin, que muchos de los payos más importantes de Europa se han dedicado a construir lo gitano, o sea, el discurso epistemológico mayoritario sobre las gitanas y los gitanos –o sea, nosotras y nosotros– que representa un conjunto de imágenes, ideas y proyecciones aplicadas desde el exterior payo.

Por eso, porque nos afecta directamente y, por tanto, nos duele en nuestras carnes, nos hemos propuesto plantear una contranarrativa que desmonte todo ese imaginario y nos devuelva nuestra humanidad.

En tus manos tienes nuestra particular propuesta contranarrativa descolonial. Planteamos, con mirada crítica, antirracista y feminista, una interpretación alternativa sobre todo lo que nos ha contado la gitanología hegemónica a propósito de nuestra historia, nuestra cultura y nuestro idioma. Lo hacemos a través de las historias, las resistencias y las luchas que se contraponen a los estereotipos y clichés creados por las calenturientas mentes de algunos de los gachós[3] más famosos de la cultura europea, que nos han presentado como un pueblo inerte, inane, víctima del destino, sin un propósito y sin una agenda.

No queremos engañar a nadie: este es un libro de combate y lleno de orgullo. Escrito en tono divulgativo desde el máximo rigor aunque intentando que no sea un mamotreto repleto de citas y referencias académicas, por lo que estas las pondremos al final para que sirvan a quien tenga interés. Así mismo, cuando sea necesario, pondremos en notas al pie las explicaciones que sea menester. De vez en cuando, introduciremos giros o palabras de uso habitual entre la población gitana española, por lo que hemos incorporado un breve glosario para que te ayude a entendernos. Además del glosario añadiremos una breve guía que te ayudará a ser nuestra aliada en la lucha contra el antigitanismo.

La misión de la Asociación Pretendemos Gitanizar el Mundo, de la que formamos parte los autores, consiste en plantear una contranarrativa en perspectiva descolonial del relato que históricamente se ha ido construyendo en torno a lo gitano y a las personas gitanas a través de la producción y la divulgación de conocimiento.

Nos adscribimos a la escuela de pensamiento descolonial que tiene como objetivo desvincularse de las jerarquías de conocimiento y las formas de estar en el mundo eurocéntricas/payocéntricas[4] mientras critica la

---

3. Hombres payos.

4. Debemos la creación de los neologismos «payocéntrico/gachocéntrico» a la activista gitana Patricia Caro Maya que los presentó en su artículo «Resistencia romaní: no olvidamos», publicado el 20 de mayo de 2016 en la *revista Pikara*

universalidad percibida del conocimiento occidental/payo y la superioridad de la cultura occidental/paya, incluidos los sistemas e instituciones que refuerzan estas percepciones. Pretendemos así combatir el antigitanismo y hacer del mundo un lugar más gitano, más amable y mejor para nuestras criaturas.

Todo ello, sin participar en el perverso sistema de las subvenciones en el cual se pervierten los nobles objetivos de la lucha contra el racismo y por la emancipación del Pueblo Gitano. No. No queremos cumplir con la agenda estatal. No queremos promover la integración del Pueblo Gitano en un sistema capitalista que utiliza el racismo, la xenofobia, el machismo, la LGTBIQ+fobia, la islamofobia, el capacitismo, la aporofobia, el edadismo y el antigitanismo para justificar la explotación y para perpetuar las jerarquías sociales, económicas, políticas y culturales que nos mantienen subordinadas y oprimidas.

Así pues, agradecemos tu apoyo a través de la compra de este libro que nos ayudará a mantener nuestro activismo gitano, antirracista y feminista.

Magazine. Disponible en: https://www.pikaramagazine.com/2016/05/resistencia-romani/ (17/02/25).

Antigitanismo

> Luchar contra el racismo es un deber urgente y sagrado para toda persona.
>
> IONEL ROTARU

LO GITANO, DESDE SU APARICIÓN como discurso epistemológico mayoritario sobre los gitanos y las gitanas, representa un conjunto de imágenes, ideas y proyecciones aplicadas desde el exterior payo que cumple un rol fundamental en la conformación de las identidades nacionales europeas: la creación de una identidad antagónica y deshumanizada a la que disciplinar, someter e, incluso, aniquilar, y un ejemplo de lo que no debe ser ni hacer la ciudadanía. En España, en concreto, ha servido y sirve para consensuar una identidad nacional que –por las propias características multiculturales, plurilingües, de diversa conformación histórica, política, social, económica...– es difícilmente consensuable: ser española o español puede ser muchas cosas, pero sobre todo es *no ser* gitana o gitano. Y en eso están de acuerdo los diversos nacionalismos del Estado español. El gitanismo, es decir la visión paya de lo gitano, es, así, la principal condición de posibilidad del antigitanismo, el cual hará posible que las personas romaníes/gitanas, seres humanos de carne y hueso, sean usadas como comunidad deshumanizada sobre la que aplicar el control policial y sobre la que ejercer y ensayar nuevas formas de poder institucional, como, por ejemplo, realojos en barrios gueto, integración social, inclusión escolar, imposición de normas higiénico-sanitarias, control de la natalidad, limitación del ejercicio de la venta ambulante mediante el sometimiento a un régimen normativo feroz y mediante el desprestigio social, etcétera.

De modo que, para tratar cualquier tema relacionado con las personas gitanas y/o nuestra historia y cultura, debemos tener en consideración la existencia del antigitanismo que genera un contexto de opresión étnica que deforma, sesga, modifica, altera, intersecciona las vidas gitanas y que, por tanto, afecta a cualquier aspecto que observemos o a cualquier relación que pretendamos analizar.

El antigitanismo[5] es, por tanto, la forma específica de racismo que padecemos las personas gitanas. Es una ideología basada en la superioridad de la raza paya, de sus modelos organizativos y de sus instituciones sociales, económicas, políticas, religiosas y culturales.

El antigitanismo es, sobre todo, un tipo de racismo institucional. Es decir, está ejercido, perpetuado, consentido, apoyado por las instituciones y sus poderes, y es estructural. De hecho, habría antigitanismo aunque no

---

5. Recomendación de política general n.º 13 de la Comisión Europea contra el Racismo y la Intolerancia (ECRI, por sus siglas en inglés): «El antigitanismo es una forma específica de racismo, una ideología basada en la superioridad racial, una forma de deshumanización y de racismo institucional alimentado por una discriminación histórica, que se manifiesta, entre otras cosas, por la violencia, el discurso del miedo, la explotación y la discriminación en su forma más flagrante. [...] Es una forma de racismo particularmente persistente, violenta, recurrente y banalizada».

hubiera gitanas ni gitanos a quienes oprimir, denigrar, perseguir, exterminar o negar.

Cuando afirmamos que es estructural, sistémico, queremos decir que no se trata de «casos aislados», que el problema no son los prejuicios, ideas, comportamientos y acciones racistas que pueda tener una persona concreta. Es decir, que el tema no va de que haya profesoras, policías, juezas, doctoras o trabajadoras sociales antigitanas, sino que los sistemas educativo, judicial, penitenciario, sanitario, de servicios sociales, etc. son antigitanos y están construidos sobre la base de una ideología supremacista en la cual el centro, la cúspide, lo mejor de lo mejor, está ocupado por lo payo, y lo gitano es considerado como un contraejemplo, como lo peor de lo peor, como lo que no debe ser.

Además, el antigitanismo es funcional al Estado y al capitalismo: a ambos les sirve para disponer de un chivo expiatorio colectivo al que culpabilizar/criminalizar por su supuesta forma de vida considerada extraña/extranjera/marginal (racismo duro) u obsoleta/atrasada/necesitada de integración (racismo paternalista).

El antigitanismo en España se ha sustentado en más de 230 leyes antigitanas, que prohibieron y castigaron todo lo que significaba ser gitana o gitano: nuestra forma de vestir, nuestra forma de hablar, nuestra forma de vivir... Y que regularon el cómo y el dónde podíamos vivir. Incluso, como veremos más adelante, en 1749 hubo un intento de exterminio, un genocidio[6] que diríamos en términos actuales.

---

6. Exterminio o eliminación sistemática de un grupo humano por motivo de raza, etnia, religión, política o nacionalidad. Neologismo creado por Raphael Lemkin

El antigitanismo es el marco referencial sin el cual es imposible entender qué le ha ocurrido históricamente y qué le pasa actualmente al Pueblo Gitano y qué tiene que pasar para que el Estado propicie una solución amistosa a este conflicto.

---

en 1944 en su libro *El dominio del Eje en la Europa ocupada*. El genocidio es un delito tipificado en el artículo 607 del Código Penal Español en base a la Convención para la prevención y la sanción del delito de genocidio de la Organización de Naciones Unidas de 1948.

Culturas gitanas

Es un error pensar que los gitanos constituyen una población homogénea.

IAN HANCOCK[7]

EL PUEBLO GITANO, INDIO DE ORIGEN, europeo de concreción y transnacional en su proyección (Jiménez González, 2025), sigue siendo, a pesar de su presencia y de su impacto socioeconómico y cultural en todos los países de Europa y en gran parte de los de América desde hace más de quinientos años, un gran desconocido –por no decir ignorado– tanto por el común de la ciudadanía como por la comunidad científica y académica.

Precisamente por ello, uno de los principales objetivos de este libro es contribuir a romper esa invisibilización, y tratar de promover un mejor conocimiento en torno a las historias y las culturas del Pueblo Gitano, así como sobre las múltiples formas en que hemos resistido frente a las estructuras antigitanas que han intentado negar nuestra existencia colectiva.

Las resistencias cotidianas son casi invisibles, pero han sido fundamentales para llegar hasta aquí. Gracias a que, a lo largo de la historia, nuestras antepasadas y

7. Profesor emérito de la Universidad de Texas, escritor y activista gitano.

antepasados se resistieron al propósito de las leyes, hoy seguimos manteniendo la gitanidad como seña de identidad étnica y grupal. En ese sentido colectivo caben todas las heterogeneidades que nos conforman: no hay una única forma gitana de ser y vivir.

Históricamente, las leyes españolas –y las de muchos otros lugares– no han perseguido delitos, sino la propia existencia de las personas gitanas. Su propósito ha sido obligarnos a dejar de practicar la gitanidad y, con ello, dejar de ser quienes éramos y seguimos siendo. Resistirse, no someterse, ha sido –y sigue siendo– la condición de posibilidad de nuestra supervivencia. Que hoy podamos sentir, expresar y vivir nuestra gitanidad es la prueba más rotunda de esa victoria cotidiana.

A continuación haremos algunas precisiones que ayudarán a entender la diversidad cultural e identitaria romaní, la heterogeneidad de formas de ser gitanas.

Ejes estructurantes de la cultura romaní

Una de las principales características del Pueblo Gitano, contrariamente a como suele ser presentado y representado, es su heterogeneidad, su diversidad interna, es decir, las múltiples posibles formas de ser, vivir y sentir practicadas por las personas gitanas ya sea individual o colectivamente.

El Pueblo Gitano, *o Rromano Them* (en romanó), constituye una nación, es decir, las personas gitanas compartimos una identidad nacional: compartimos un origen histórico común, un idioma propio y una cultura. Ahora bien: las historias concretas de cada una de las comunidades gitanas son diferentes; nuestro idioma está compuesto de una serie de variantes con mayor o menor distancia dialectológica entre sí y, por tanto, con mayor o menor grado de inteligibilidad e intercomprensión mutua; y cada familia extensa (*endaj,* en romanó) disfruta de su propia y particular versión de la cultura gitana o gitanidad (*Rromipen,* en romanó).

Esta heterogeneidad de formas, lógicamente, tiene que ver con el hecho histórico de la diáspora y la dispersión residencial. La cultura gitana es, por tanto, heterogénea, diversa, compleja, multifacética y cambiante, tanto en el tiempo como en el espacio, al igual que las demás culturas. Podríamos afirmar que cada familia extensa mantiene y practica su propia versión de la cultura gitana.

Esta diversidad no solo tiene que ver con el territorio donde radica cada *endaj* sino también con la clase social, la religión y la profesión[8] mayoritaria dada en su seno. Es decir, la cultura gitana madrileña difiere de la cultura gitana valenciana, por solo poner dos ejemplos territoriales que conocemos en profundidad; a su vez, la cultura que practica una familia gitana evangélica residente en la ciudad de Valencia es diferente de la que practica otra familia que no siga esta denominación cristiana; así mismo, las prácticas culturales de una familia gitana residente en, pongamos por caso, Manises (provincia de Valencia) dedicada a la venta ambulante

---

8. Es habitual que cada *endaj* esté especializada en el ejercicio de un determinado oficio o profesión, cuyo conocimiento técnico se transmite vivencialmente en el seno de las propias familias.

son diferentes a las que lleva a cabo otra familia que se dedique profesionalmente a la música.

Esta heterogeneidad de expresiones no impide que haya un *continuum* cultural, el *Rromipen*, que constituye un marco interpretativo compartido por la diversidad de grupos romaníes/gitanos. Este marco está basado en tres ejes de valores culturales (Jiménez González, 2025) interconectados que generan un espacio cuatridimensional –esos tres ejes más el tiempo– en el cual se producen las formas específicas en que se verifica cada expresión de la gitanidad: la biofilia (amor a la vida), la no-violencia (respeto) y la no-contaminación (honor). Este universo cultural compartido, como *Rromipen*, es lo que nos permite hablar de la existencia de una comunidad gitana (basada en la solidaridad, la reciprocidad, y el reconocimiento mutuo) y es lo que permite y favorece la plena intercomunicación e interacción entre las familias a pesar de la existencia de diferencias culturales en, ocasiones, enormes: sabemos que somos gitanas y eso nos sitúa en un plano de hermandad y comprensión.

A continuación explicamos brevemente cada uno de estos ejes.

Biofilia

La biofilia es el amor a la vida y representa una orientación total, todo un modo de ser que se manifiesta tanto en los procesos corporales de una persona como en sus emociones, en sus pensamientos o en sus gestos (Fromm, 1966). Así pues, la tendencia a conservar la vida y a luchar contra la muerte es la forma más elemental de la orientación biófila.

Fromm utilizaba este concepto como psicoanalista para analizar a las personas de manera individual, no formando parte de una colectividad. En cambio, el sociólogo gitano serbio Rajko Đurić (2008), que en gloria esté, lo aplicó al análisis colectivo de la cultura gitana.

Así, la biofilia, el amor a la vida, constituye uno de los ejes estructurantes de la cultura gitana. En este conjunto de valores se encuentran nuestro sentido lúdico de la existencia, nuestra vitalidad y nuestro optimismo.

La biofilia también significa amor a la naturaleza y al resto de seres vivos que pueblan la tierra. Por eso, una de las principales festividades gitanas, tanto en España (San Juan) como en otros países (Macedonia: Ederlezi; Bulgaria: Djurdjevdani; Francia: romería de Santa Sara; Inglaterra: feria de caballos de Appleby), es la celebración de la renovación de la naturaleza que acontece en torno al pase del equinoccio de primavera al solsticio de verano en la cual los animales y sus cuidados adquieren un significado simbólico importantísimo.

Las fechas de estas celebraciones, así como sus denominaciones, se han adaptado al entorno cultural y religioso donde se reside. No obstante, todas tienen en común que giran en torno al fuego y al agua como elementos de purificación y renovación. Así mismo, todas estas fiestas constituyen momentos de encuentro comunitario que facilitan tanto el intercambio de información sobre la familia como el refuerzo de los lazos familiares e, incluso, el surgimiento de nuevas relaciones interpersonales incluidos los matrimonios y, por tanto, también contribuyen al mantenimiento de la propia comunidad.

Ahimsa o no-violencia es un término sánscrito[9] que da cuenta de un concepto filosófico que aboga por la no-violencia y por el respeto a la vida. Viene a decirnos «no dañes a ningún ser vivo con tu cuerpo, tu mente, tus hechos o tus palabras».

A partir de este concepto tradicional indio, Mahatma Gandhi configuró su lucha por la liberación de India frente al Imperio colonial británico. Esta ideología ha influido también en otros movimientos de emancipación y liberación tales como los liderados por Martin Luther King o las Madres de Plaza de Mayo, por citar tan solo un par de ejemplos significativos.

Según Jiménez González (2025) el eje de valores de la no-violencia es un elemento estructurante de la cultura romaní. Así, por ejemplo, el derecho consuetudinario romanó (Gómez Baos, 2021) está basado en este principio ya que ante el surgimiento de un conflicto la intervención de las personas de respeto tiende a evitar la escalada o progresión de la violencia. De hecho, en diferentes lugares de España, a estas personas de respeto se las denomina *evitadores* puesto que su función no consiste en juzgar quién es culpable y quién es víctima sino en separar a las partes en conflicto para evitar que la violencia acabe perjudicando al conjunto de la comunidad.

El principio de la no-violencia no significa ni resignación ni pacifismo: tanto en España como en el resto

---

9. Lengua clásica de la India perteneciente a la familia indoeuropea de la cual deriva el romanó.

de Europa ha habido participación de personas gitanas en los diferentes movimientos de lucha por la libertad, la democracia, la justicia y contra el fascismo (Vojak, 2017); tanto en la Primera como en la Segunda Guerra Mundial hubo soldados romaníes que fueron distinguidos por su valor; en la Segunda Guerra Mundial un gran número de personas gitanas se incorporaron a las filas de los movimientos de resistencia y de lucha partisanos (Mirga-Kruszelnicka y Dunajeva, 2020); igualmente, a lo largo de la historia, las poblaciones gitanas han luchado contra la opresión, la persecución y la injusticia del poder omnímodo del Estado utilizando diversas estrategias que incluyen la lucha armada (Jiménez González, 2025).

La no-violencia se expresa en la vida cotidiana a través de un concepto clave: el equilibrio, *kataipen* en romanó (Gómez Baos, 2021), que implica que las formas de interactuar entre nosotras sean equilibradas, es decir, que no impongan el bienestar de una a costa del malestar de otra.

En definitiva, la no-violencia romaní encarna un modo singular de cuidar a la comunidad y defender la vida sin renunciar a la justicia, ni a la dignidad ni a la resistencia.

Pativ, no-contaminación

Este principio nada tiene que ver con el uso homónimo que se hace ni en el ámbito del derecho penal ni en el ámbito de la protección del medio ambiente, sino con la evitación del contacto con la materia considerada contaminante. *Pativ* es el eje en torno al que se articulan los tabúes, los códigos de comportamiento, la lealtad al grupo, la gastronomía, la higiene y los rituales de nacimiento, nupciales y/o mortuorios.

El código de *Mageripen*, contaminación, señala las acciones y las cosas contaminantes, y regula así la vida cotidiana de las familias romaníes (Kyuchukov, 2015). Las costumbres y rituales que forman parte de este código no escrito incluyen tanto las fuentes de contaminación como su evitación y cómo debe procederse para remediar las consecuencias. Evidentemente, estos rituales y costumbres varían enormemente de unos grupos a otros, por lo que no se puede establecer algo así como un canon o una lista de prohibiciones o de cosas permitidas válido para el conjunto de los diferentes grupos gitanos/romaníes. La observación de estas reglas es considerada una muestra de respcto hacia el resto del grupo, por lo que contribuye a la convivencia pacífica.

En el Estado español no tiene ya uso, aunque se encuentran algunas pervivencias. Por ejemplo, en algunas zonas de España, la liebre (*Lepus granatensis*) es considerada de mal *bajío* (del romanó *bibaxt*, infortunio) y, por tanto, se evita su contacto. Incluso se evita mencionarla por su nombre, que se sustituye, cuando no queda más remedio que hablar de ella, por un eufemismo (rabona) o una metáfora (bicho *correor*). En cambio, en otras zonas es considerada un manjar, especialmente si ha sido cazada por los galgos propios. Otros ejemplos de persistencia de estas costumbres en el ámbito gitano español son hacer la colada de las ropas masculinas sin mezclarlas con ropas femeninas adultas e, incluso, tenderlas por separado; guardar las ropas de las mujeres en espacios diferentes a los usados para guardar las de los hombres[10] o evitar la utilización de utensilios para usos distintos de los previstos (usar un vaso como cenicero o el lavabo como fregadero).

Religiones

La religión también refleja nuestra diversidad interna. Entre las personas gitanas hay católicas, ortodoxas, evangélicas, musulmanas, bahaíes, testigos de Jehová, y, por supuesto, agnósticas y ateas, aunque rara vez se reconozca esta pluralidad.

En España, la mayoría de la población paya cree que la religión gitana es únicamente la Iglesia Evangélica de Filadelfia. Nada más lejos de la realidad. La espiritualidad gitana –sea cristiana, musulmana o ninguna– ha sido, más que un dogma, un espacio propio de comunidad, de cuidado mutuo y de afirmación colectiva frente al desprecio exterior; un lugar donde se ha podido practicar la gitanidad sin miedo, sin vergüenza y sin pedir permiso. Hoy, miles de gitanas y gitanos siguen encontrando en el culto evangélico, en las hermandades católicas o en otras formas de vivencia espiritual un lugar donde sentirse plenamente personas gitanas. Otra forma cotidiana de resistencia que continúa marcando nuestra historia.

---

10. Entre las familias andarríos, nómadas, españolas era costumbre utilizar un bisaco, del latín *bisaccus*, un bolso de tela con dos compartimentos que puede llevarse al hombro o a lomos de una caballería, dependiendo del tamaño y del peso, para transportar separadamente las ropas de hombres y mujeres.

Otras fuentes de diversidad

Como se puede apreciar, el *Rromipen,* la cultura gitana, es heterogéneo, diverso, complejo, multifacético y cambiante... como todas las demás culturas.

Nuestras comunidades, como el resto del mundo, también se segmentan según diferentes ejes de diversidad: clase social (ingresos, patrimonio, formación académica, ocupación, lugar de residencia y tipo de vivienda), ideología (valores, política y estilo de vida) y confesión religiosa (creencias y prácticas). A estas fuentes de diversidad hay que sumar la pertenencia a variantes étnicas como calí, sinti, manouche, kalderash o lovari, que a su vez presentan sus propias variantes geográficas: calí extremeña, castellana, catalana... o portuguesa, francesa, finlandesa. Estas variantes no se limitan a su territorio de origen: comunidades gitanas calís extremeñas pueden residir en Sevilla, Madrid o Barcelona, conservando su particular forma de ser gitanas y su folklore propio, como la gastronomía, la música o los rituales.

En suma, el Pueblo Gitano, contrariamente a la creencia popular, presenta tal diversidad interna que podemos afirmar que la heterogeneidad es una característica que define la gitanidad.

Patrias gitanas

> Llevo una doble banda dorada en la frente. Una es mi gitanería, la otra mi hungaridad, y no estoy dispuesto a renunciar a ninguna de ellas.
>
> TAMÁS PÉLI[11]

EL PUEBLO GITANO NO CUENTA con un territorio compacto adscrito; esto es, las diversas comunidades romaníes residen en territorios pertenecientes a Estados en los cuales nuestras comunidades son consideradas minoritarias y, en demasiadas ocasiones, extranjeras. Eso hace que vivamos en entornos sociales, políticos, económicos, religiosos y culturales diversos y diferentes entre sí, y siempre hostiles para nosotras.

Pero la ausencia de un territorio común y compartido por todas las comunidades gitanas no significa que seamos apátridas. No, no. Cada persona gitana tiene su propia nacionalidad. Es más, cada comunidad siente el orgullo de pertenecer a su patria ya sea esta el lugar de nacimiento o el de residencia. Incluso esta lealtad puede ser múltiple, tanto hacia el sitio donde nacemos como hacia el espacio geográfico en el que residimos. De hecho, esta es otra de las características propias de la

---

11. Tamás Péli (1948-1994) fue un pintor y activista gitano húngaro.

gitanidad: somos y nos sentimos gitanas españolas y, en nuestro caso concreto, valencianas, del mismo modo que nuestras primas se sienten gitanas macedonias de Šutka[12] o gitanas búlgaras de Stolipinovo[13].

Incluso cuando migramos internacionalmente seguimos conservando esa relación afectiva con nuestro lugar de nacimiento. Sirvan un par de ejemplos: las familias gitanas originarias de España residentes en el barrio de Congreso en Buenos Aires (Argentina) conservan el flamenco y la gastronomía española; en el barrio de Sant Jaume de Perpiñán (Francia), las familias gitanas originarias de Cataluña consideran el catalán como su lengua propia y la rumba como su estilo musical más familiar.

Apatridia

Nosotros, los sin-patria, los sin-país sin embargo compartimos el mismo infierno que tienen los otros en sus países.

TIKNO ADJAM[14]

El término «apátrida» designa a toda persona que no es considerada como nacional suyo por ningún Estado

---

12. Pedanía autogobernada de la capital de Macedonia del Norte, Skopje. Es el mayor asentamiento de población gitana. Se calcula que el 80 % de sus habitantes son *Rroma* y el romanó es allí idioma oficial.

13. Distrito de Plovdiv, Bulgaria. Es considerado el mayor gueto gitano.

14. Tikno Adjam (1875-1948) fue un poeta gitano luchador de la resistencia francesa frente a la ocupación nazi.

conforme a su legislación[15]. La apatridia es un problema legal de gran trascendencia humana puesto que provoca que las personas en esta situación carezcan de un marco que pueda ofrecerles los mínimos elementos que permitan satisfacer sus derechos.

El 13 de noviembre de 2018, el Parlamento Europeo adoptó la Resolución 2018/2036 sobre las normas mínimas para las minorías en la Unión Europea, en la que recordó «su profunda preocupación por el número de gitanos apátridas en Europa, lo que conlleva una denegación total de su acceso a servicios sociales, educativos y sanitarios y los relega a los márgenes de la sociedad». Al mismo tiempo, pidió a los Estados miembros que suprimieran la apatridia y garantizasen que todas las personas puedan disfrutar de los derechos humanos fundamentales. Evidentemente, esta, como tantas otras resoluciones de esta institución, no ha tenido consecuencias prácticas para las poblaciones romaníes.

El Consejo de Europa estima que en varios países europeos viven miles de familias gitanas a quienes no se reconoce su nacionalidad y son consideradas apátridas. Atrapadas por las complejidades de la burocracia o la imposibilidad de demostrar la ciudadanía en su país de origen, viven en un limbo legal por falta de documentos, sin ciudadanía oficial de ningún país, privadas de derechos civiles, políticos, económicos, culturales y sociales fundamentales. Estas circunstancias se dan en situaciones de migración (Alemania, Francia, Italia) y en situaciones de residencia tradicional (como ocurrió en

---

15. Convención sobre el estatuto de los apátridas (ONU, 1954. España se adhirió en 1997).

España durante el franquismo[16]), debido, en ocasiones, a la disolución de Estados (Checoslovaquia, URSS, Yugoslavia) y posterior surgimiento de nuevas entidades estatales (Bosnia y Herzegovina, Croacia, Chequia, Eslovaquia, Eslovenia, Kosovo, Macedonia del Norte, Montenegro, Serbia, Ucrania). Por desgracia, la apatridia se transmite de padres y madres a hijos e hijas, lo que significa que a menudo las criaturas se ven obligadas a crecer sin nacionalidad, con dificultades para acceder a servicios esenciales como la educación, la atención médica y la vivienda.

Evidentemente, la condición previa e inexcusable para que el supuesto interés de la democracia en la inclusión de la población gitana sea posible es, sin duda, el acceso sin trabas a la ciudadanía y a los derechos que de ella se derivan. Por tanto, la apatridia es un obstáculo para la consecución del bienestar de las personas que se salvaría simplemente con una mera gestión burocrática: dar papeles a quienes no los tienen.

Emancipación política

Los primeros testimonios de la aspiración a la emancipación civil y a la igualdad de estatus del Pueblo Gitano surgen en el siglo XIX entre las comunidades gitanas habitantes en los Balcanes que, entonces, formaban parte del Imperio otomano.

---

16. Con el advenimiento de la democracia, una de las primeras acciones emprendidas por las organizaciones gitanas fue ayudar en la obtención del carnet de identidad que muchas personas gitanas aún no habían podido obtener.

El Imperio otomano estaba empezando a verse agitado por movimientos nacionalistas que, finalmente, lo abocarían a su desaparición. Lógicamente, la ciudadanía romaní también se involucró en ese proceso. Así, el 8 de agosto de 1868, el periódico búlgaro *Macedonia*[17] publicó la carta al director enviada por el sacerdote ortodoxo gitano búlgaro Ilia Naumchev (Kenrick, 1998) en la que defendía el derecho de cada nación a tener igualdad religiosa, cívica y nacional, y abogaba por el derecho de los gitanos, como pueblo con una historia antigua, a desarrollar su propia educación e instituciones religiosas. De igual modo, Naumchev inició la creación en Prilep (actualmente en la República de Macedonia del Norte) de gremios gitanos de herreros, violinistas y porteadores, independientes de los gremios gachós de esos mismos oficios, con sus propios santos patronos y su propia simbología.

Por tanto, esta aspiración de emancipación política del Pueblo Gitano, de la nación romaní, no es nueva ni se empezó a plantear en el siglo XX, sino que este movimiento nacionalista gitano forma parte de los movimientos nacionalistas europeos del siglo XIX que dieron lugar al surgimiento de las actuales fronteras en Europa y, a su vez, en los demás continentes que habían sido objeto de colonización.

Veamos a continuación cómo han ido desarrollándose estas ideas.

---

17. *Македония* (Macedonia) fue un periódico búlgaro publicado en Constantinopla, capital del Imperio otomano, del 3 de diciembre de 1866 al 25 de julio de 1872. Con una tirada de 3.600 ejemplares, fue el periódico búlgaro de mayor distribución y más influyente durante el Renacimiento Nacional búlgaro.

Rromanesthan, la patria romaní

E ʒene le Rromane Nàciaqe, mangen o reprezentisaripen lenqe Naciaqo, savi ni kamel te resel them[18]

EMIL ŠČUKA[19], en la clausura del quinto congreso mundial

La idea de encontrar y reclamar una patria geográfica, originaria o de nueva creación, un *Rromanesthan* (País Gitano), como «un lugar que pueda servir como refugio en caso de persecución», dicho en palabras del Tío Ionel Rotaru[20], no es tampoco nueva: en su discurso para ser elegido como rey de los gitanos y gitanas de Polonia[21], Janusz Kwiek prometió iniciar las gestiones para que el dictador italiano Mussolini cediera un territorio no po-

---

18. «Las personas que formamos la Nación Romaní queremos la representación de nuestra nación, pero no queremos convertirnos en un Estado» (la traducción es nuestra).

19. Abogado y activista gitano checo –ejerció como fiscal y entre 1990 y 2000 fue presidente del partido político Iniciativa Cívica Romaní disuelto en 2009–, fue elegido presidente de la Unión Romaní Internacional en el Quinto Congreso Mundial, cargo del que cesó en 2004 por motivos de salud.

20. Ionel Rotaru (Moldavia, 1918 - Francia, 1982), escritor y pintor, fue un activista y líder gitano que contribuyó significativamente a la defensa de los derechos de nuestro Pueblo. Participó activamente en la fundación de la Communauté Mondiale Gitane, primera organización gitana internacional, que condujo a la creación de la Unión Romaní Internacional. Utilizamos el tratamiento «Tío» para mostrar nuestro profundo afecto hacia su persona.

21. Varsovia, 4 de julio de 1937. Disponible en: https://www.youtube.com/watch?v=ehchL1cUsSo (08/07/2025). Janusz Kwiek fue el último rey de los gitanos y las gitanas de Polonia, donde ha existido la costumbre de nombrar a un hombre como rey de los gitanos y las gitanas desde el siglo XVII. En origen era un funcionario real cuya misión era recaudar los impuestos de la población gitana. Cuando esta figura gubernativa desapareció por los cambios organizativos del Estado polaco, fue asumida por la propia población gitana polaca, ya que facilitaba la interlocución con el Estado. Esta institución fue adaptándose a los cambios, dejó de ser hereditaria y terminó siendo un cargo electo renovado cada cuatro años.

blado en la recién colonizada Abisinia para asentar allí a la población gitana y crear así un Estado nuevo para nuestra gente.

La palabra *Rromanesthan* fue creada por el propio Tío Ionel Rotaru en los años 1960 en Francia, a partir del adjetivo *Rroman-* (gitan-) y el sustantivo *than* (país) utilizado como sufijo (*-sthan),* cuyo significado es «país de los *Rroma*». Es el modo tradicional en que se forman los topónimos en las lenguas indoiranias, familia lingüística a la que pertenece el romanó: Afganistán, Pakistán, Kurdistán, Luristán...

La reivindicación de un estatus político para el Pueblo Gitano ha suscitado intensos debates en los congresos mundiales[22] sin que haya, de momento, una de-

---

22. Aunque hubo asambleas y congresos gitanos desde finales del siglo XIX, adquirieron carácter internacional solo en el último tercio del siglo XX. Los suele organizar la Unión Romaní Internacional en colaboración con organizaciones gitanas nacionales. Salvo los dos primeros, todos han contado con más de 250 participantes procedentes de diferentes países, mayoritariamente europeos, y con gran protagonismo de activistas procedentes de Europa del Este. Hasta la fecha se han celebrado once ediciones: 1971 (Londres, Reino Unido), 1978 (Ginebra, Suiza), 1981 (Gotinga, Alemania), 1990 (Varsovia, Polonia), 2000 (Praga, República Checa), 2004 (Lanciano, Italia), 2008 (Zagreb, Croacia), 2013 (Sibiu, Rumanía), 2015 (Riga, Letonia), 2016 (Skopje, Macedonia del Norte) y 2023 (Berlín, Alemania). Los cinco primeros han contado con un mayor respaldo popular por parte del activismo romanó y sus decisiones han sido asumidas por la práctica totalidad de las organizaciones gitanas: el himno (*Gelem, gelem*) y la bandera (rectangular con mitad superior azul, mitad inferior verde y rueda roja de dieciséis radios en el centro) fueron acordados en el primero, que fue organizado por el Comité Gitano Internacional; al segundo le debemos la creación de la Unión Romaní Internacional; en el tercero se reivindicó el reconocimiento como minoría étnica de origen indio y se solicitó al Gobierno alemán que reconociera el genocidio cometido contra la población romaní durante el periodo nazi y que encontrara una solución adecuada al problema de la reparación; en el cuarto se aprobó el 8 de abril como Día Internacional del Pueblo Gitano y el alfabeto romanó estándar; y en el quinto se aprobó la *Declaración del Pueblo Gitano como Nación sin Estado.* A partir de este congreso ha habido diversas disputas en el liderazgo de la Unión Romaní Internacional de manera que las diferentes facciones en conflicto se niegan mutuamente la legitimidad. El resultado ha sido que los congresos celebrados desde entonces no han teni-

finición aceptada mayoritariamente por la población romaní. Los congresos mundiales son considerados como los órganos máximos de debate, definición y representación política del Pueblo Gitano, de manera que algunas de sus propuestas, tales como la bandera y el himno, han sido asumidas por la práctica totalidad de la población gitana mundial.

Hay que tener en cuenta que estos congresos son minoritarios y elitistas. Las personas participantes son mayoritariamente hombres y no suele haber tampoco participación de gente joven. Otra cuestión fundamental es que no hay ningún proceso democrático que decida quiénes participan. Por tanto, no podemos hablar de representación en sentido estricto. Así mismo, la falta de transparencia, especialmente en lo relativo a la financiación de estos eventos, viene siendo una característica, por así decirlo. Todo ello ha ido deslegitimando estos encuentros.

Por otra parte, tanto el Consejo de Europa[23] como la Comisión Europea[24] han generado sus propios foros de debate en los cuales la participación de personas gitanas es meramente simbólica, ya que la mayor parte de Estados envían a funcionarios payos en su representación.

---

do apenas impacto en la comunidad y la propia Unión Romaní Internacional ha perdido su liderazgo y está en trance de desaparición.

23. European Roma and Travellers Forum (Foro Europeo de Gitanos y Travellers, ERTF por sus siglas en inglés), International Conference of Roma Women (Conferencia Internacional de Mujeres Gitanas) y Task Force on Roma Youth Participation (Grupo de Trabajo sobre Participación de la Juventud Gitana).

24. European Platform for Roma Inclusion (Plataforma Europea para la Inclusión de Gitanos, EPRI por sus siglas en inglés), presentada como un espacio de participación de oenegés, y Roma Summits (Cumbres Gitanas), que están dirigidas a la participación gubernamental.

Estos sedicentes espacios de participación están enfocados a la inclusión, a la integración, que nada tiene que ver con la emancipación. Tampoco cuentan con ningún mecanismo democrático para elegir a las personas gitanas participantes que suelen formar parte de oenegés que, a su vez, reciben subvenciones de los organismos convocantes, por lo que difícilmente van a presentar ninguna alternativa crítica a los planes y estrategias allí presentados por los Estados, por la Comisión o por el Consejo de Europa, ya que lo único que buscan es obtener fondos para lo cual se adaptan a cualquier planteamiento gubernamental. Estas actividades, obviamente, están financiadas por el Consejo de Europa y la Comisión Europea.

Evidentemente, el protagonismo de estos foros institucionales europeos en el diseño de las políticas dirigidas a la población gitana europea ha sido total y han vaciado de contenido político reivindicativo la posible reacción de los congresos mundiales.

En lo tocante a la definición de un estatus político, el debate en los congresos mundiales ha estado sesgado por la influencia política de los diferentes países de los cuales procedían las personas participantes ya que, habitualmente, estos han asumido la representación de los respectivos modelos organizativos estatales de sus países de procedencia sin tener en cuenta la diversidad de situaciones en las que se encuentran las comunidades gitanas. Tampoco han propuesto nuevas formas de organización democráticas que no estén basadas en el territorio sino en los derechos colectivos y de las personas.

La mayor inspiración en estos debates, dado el protagonismo en estos congresos de la representación de

Yugoslavia (y los países emergentes tras su disolución), ha venido del tratamiento que los países socialistas dieron a las minorías étnicas nacionales: protección y promoción de la lengua y la cultura siempre que se adaptasen al modelo general, no planteasen ninguna crítica al modelo ni a la ideología ni a los líderes socialistas y, por supuesto, no incluyeran ninguna reclamación de territorio ni soberanía.

Aunque en el primer Congreso Mundial Gitano (Londres, 1971) no se produjo ninguna declaración ni documento al respecto, la idea de «nación romaní» estaba tan presente que dio lugar al diseño de una bandera y a la composición de un himno.

No fue sino hasta el quinto Congreso Mundial Gitano (Praga, República Checa, 24 al 28 de julio del año 2000), que contó con doscientos ochenta participantes procedentes de treinta y nueve países, donde se debatió la cuestión del estatus político de la Nación Romaní y se elaboró y se aprobó la llamada *Declaración como Nación sin Estado*, en la que se afirmaba que el Pueblo Gitano tiene todas las características para ser considerado una nación (forma un conjunto de personas de un mismo origen histórico, que hablan un idioma que consideran propio y tienen una tradición común aunque integre una gran diversidad de formas de expresión), pero no cuenta con un Estado propio que garantice, proteja y promueva sus derechos. El documento final, redactado durante el propio congreso, de prisa y corriendo, como se suele decir, en un inglés poco afortunado –en una clara consecuencia de la participación en su redacción de personas que no dominaban esta lengua y que no se quiso redactar en romanó para darle mayor difusión y alcance ya que se pretendía que los Estados reconocieran este estatus y poder así formar parte de la Organización de Naciones Unidas y otras organizaciones internacionales–, no desarrolla una definición clara y precisa sino que simplemente afirma que conformamos una nación que no aspira a convertirse en un Estado, que no plantea ninguna reclamación territorial y que solicita el reconocimiento de los Estados para así poder proteger la cultura romaní.

Esta declaración apenas ha tenido repercusión en la población romaní y todo lo más que ha aportado al imaginario del activismo gitano es la idea de que no queremos ser un Estado.

Evidentemente, ningún Estado ha reconocido este estatus pues ello conllevaría la posibilidad de reclamar el derecho a la autodeterminación y, finalmente, la reivindicación de alguna forma de autogobierno.

Pueblo Gitano

La luz del amanecer llama a tu puerta
y habrá que marcharse,
Pueblo Gitano ponerse en pie.
Todos unidos pidamos justicia,
que no nos tengan igual que ayer.

LOS CHORBOS, por rumbas

A lo largo de este libro, así como en todas las manifestaciones escritas de la Asociación Pretendemos Gitanizar el Mundo, utilizamos Pueblo Gitano, con ambas iniciales en mayúscula –lo que suele acarrearnos tremendas disputas con nuestros editores y sus sacrosantos libros de estilo– para patentizar nuestra ambición de ser reconocidas como cualquier otra nación.

Hagamos un poco de historia a propósito de la denominación Pueblo Gitano y de por qué tiene un sentido político. Empecemos por el romanó, en el cual para referirnos al conjunto de la población gitana utilizamos la palabra *Rromipen*. Este sustantivo masculino polisémico incluye entre sus significados las acepciones de historia y cultura gitana, por un lado, y gitanidad, por el otro. Con el transcurso del tiempo ha ido dejando de usarse para referirse al conjunto de la población y, actualmente, se utiliza en el sentido de cultura. *Śel,* nación, etnia, se utiliza específicamente para referirse a pueblos en sentido étnico y cultural. Derivado de esta, tenemos *śelorri,* minoría étnica. Tradicionalmente, las personas gitanas inglesas se han denominado a sí mismas (autónimo) como Romanichals –*Rromani* + *śel*– mientras que las suecas y las noruegas utilizan la variante Romanisæl, pero ambas significan pueblo gitano en sentido étnico. Por otro lado, tenemos la palabra *them,* que significa país, Estado, aunque también se utiliza en sentido figurado como mundo[25]. En documentos oficiales se viene utilizando la expresión *Rromano Them* en alternancia con los préstamos *Rromani Nàcia* y *Rromano Naròdo* para significar Pueblo Gitano.

En castellano, la expresión Pueblo Gitano comenzó a utilizarse en la Transición[26], cuando *Pueblo Gitano*

---

25. Mundo, en sentido físico, en romanó, es *śundal.*

26. Periodo histórico español reciente que abarca desde la muerte del dictador Franco (1975) hasta las elecciones de 1982 en las que el PSOE obtuvo la mayoría.

Un miembro del movimiento juvenil Unión de Juventudes Gitanas señalando una pancarta. Madrid, 6 de junio de 1978. Autor: José Mauricio Martínez Cáceres. Disponible en: http://www.pte-jgre.com/GaleriaFotosLaUnion/subalbum_11_slideshow.html?photo=62

(1978) de Los Chorbos[27] se convirtió en todo un himno generacional, cuando el Tío José Heredia Maya[28] recorrió las capitales y los suburbios con su obra de teatro flamenco *Camelamos naquerar* (Queremos hablar)[29], y cuando el naciente sistema democrático permitió la creación de las primeras asociaciones gitanas que aglutinaron las voluntades de la ciudadanía gitana para convocar concentraciones como la que tuvo lugar en Madrid el 6 de junio de 1978, a la que acudieron más de quinientas personas reclamando la derogación de los

---

27. Alfonso Gabarre, Veneno; Amador y Miguel Losada Maya; y José Ortega Heredia, *Manzanita*.

28. José Heredia Maya (Albuñuelas, Granada, 1947 - Granada, 2010) fue un poeta, dramaturgo, ensayista y catedrático de la Universidad de Granada.

29. Estrenada en enero de 1976, en Granada.

Ciudadanos y ciudadanas gitanas durante una protesta en la Plaza Mayor de Madrid. 6 de junio de 1978. Autor: José Mauricio Martínez Cáceres. Disponible en: http://www.pte-jgre.com/GaleriaFotosLaUnion/subalbum_11_slideshow.html?photo=61

artículos discriminatorios del Reglamento de la Guardia Civil, la mejora de sus condiciones de vida y el fin de los actos de racismo. Esta conciencia cívica de reivindicación política es la que mantiene vivo el activismo gitano no institucionalizado y es lo que está detrás de la denominación Pueblo Gitano.

En términos lingüísticos, hay que tener en cuenta que en castellano, al poner en mayúsculas iniciales ambas palabras, estamos singularizando una realidad abstracta que deja así de ser un nombre común para convertirse en nombre propio. Es lo mismo que ocurre cuando escribimos Islas Baleares, Ciudad Real o País Vasco, son dos palabras que conforman un nombre propio. En nuestro caso, utilizamos Pueblo Gitano con la intención política de ser reconocidas como un conjunto de personas que compartimos historia, cultura e idioma, es decir, que formamos una nación sin territorio compacto adscrito dentro del complejo entramado de naciones que conforman el Estado español.

¿Gitanas? Diferentes formas de nombrarnos

Aunque me cambien los tiempos,
y en el silencio,
Gitana soy.

MARÍA DOLORES AMAYA VEGA,
REMEDIOS AMAYA

LA PALABRA *GITANA* –y sus afines en otros idiomas europeos[30]–, tanto en masculino como en femenino, que funciona como sustantivo y como adjetivo, es un exónimo impuesto por el grupo dominante payo/gachó, a pesar de que desde bien antiguo se encuentran testimonios que documentan que nuestras antepasadas decían provenir de la India: «*Eodem millesimo venerunt Forlivium quedam gentes misse ab imperatore, cupientes recipere fidem nostram, et fuerunt in Forlivio die VII Augusti. Et, ut audivi aliqui dicebant, quod erant de India*»[31] (Pasini, 1931).

Desde el principio, como puede verse, no nos escucharon; prefirieron vernos como «egipcianas», provenientes de Egipto.

---

30. *Gypsy/gipsy, tzigane, tsigane, gitane, cigana, ijito, ţiganca, cigány, cigani, Цыгáне, τσιγγάνοι, zingara, zigenare, zigeunerin.*

31. «Ese mismo año, algunas personas enviadas por el emperador llegaron a Forlí, deseando recibir nuestra fe, y estuvieron en Forlí el 7 de agosto. Y, según oí decir a algunos, eran de la India». La traducción es nuestra. Forlí es una ciudad italiana de la región Emilia-Romaña, capital de la provincia de Forlí-Cesena.

Huida a Egipto de Gentile da Fabriano. Predela del retablo *La adoración de los Reyes Magos*, 1423. Galleria degli Uffizi, Florencia.

La gitanología hegemónica no parece estar totalmente de acuerdo en relación con la etimología de este impuesto exónimo, aunque parece que hay un cierto grado de aceptación de que, por un lado, la palabra gitana (*gypsy, gitane, cigana...*) derivaría de egipciana (*egyptian, égyptienne...*), mientras que zíngara (*zigenar, zigeunerin...*) provendría de *αθίγγανος* (*athínganos*, intocables).

Es muy curioso el empeño por encontrar una justificación a lo que viene siendo una confusión: cuando los habitantes de la Europa cristiana (tanto católica como ortodoxa) empezaron a ver por sus caminos grupos familiares gitanos (hombre guiando una cabalgadura, mujer a lomos de la misma porteando una criatura en sus brazos...) se les apareció la Virgen, nunca mejor dicho, ya que aquellas gitanas lucían un típico tocado (*berno*, en romanó) tradicional gitano que les hacía parecer, a ojos de aquellos buenos creyentes, a la Virgen María con su aureola o nimbo, tal y como era representada en la iconografía eclesial al uso. Y dado que la Sagrada Familia iba huyendo a Egipto e, incluso, la Virgen María era considerada como egipcia, el imaginario popular asumió que nuestro origen era Egipto. Y de ahí el nombre impuesto y después asumido de *gitanas*.

Según la mayor parte de los estudiosos, parece ser que esta denominación como egipcianos habría surgido al confundir «la pequeña Egipto», o sea el puerto de Modón[32], con el Egipto real. Esta confusión fue convertida después en mito, utilizada primero por los propios gitanos en su favor (el hecho de ser considerados penitentes egipcios que peregrinaban a Santiago para redimir el pecado cometido contra la Virgen María les permitió viajar por Europa libremente e incluso protegidos por las autoridades de la época) y vuelta en su contra posteriormente como estigma (se llegó a acusar a los gitanos de haber forjado los clavos con los que se crucificó a Jesús). Hasta aquí, la interpretación paya.

Nuestra interpretación es bien diferente: las familias romaníes afirmaban venir de India y dado que en aquel momento el conocimiento geográfico tanto del pueblo llano como de los especialistas (estudiosos, navegantes, comerciantes, viajeros, funcionarios de las monarquías) era bastante limitado[33], los burócratas que extendieron los salvoconductos, que no estaban libres de prejuicios como no lo están en la actualidad,

---

32. Modona (provincia de Mesenia, región del Peloponeso, Grecia). En su época fue una parada clave en las peregrinaciones a Tierra Santa por su situación intermedia entre Venecia (Italia) y Jaffa (Israel). Esta ciudad era conocida como la Pequeña Egipto porque junto a su puerto desembocaba un río que formaba un delta que recordaba al delta del Nilo. Según Fraser (2005, 64) allí había un asentamiento gitano de tamaño considerable.

33. Recordemos que aún Europa no conocía Abya Yala y que Colón llegó allí por casualidad y murió creyendo que había llegado a las Indias Orientales. Por otro lado, A. Borde, en su *The Fyrst Boke of the Introduction of Knowledge*, confundió el romanó con el idioma egipcio.

les adjudicaron ese supuesto origen egipcio en base a la vestimenta, en especial, de las gitanas. Es decir, que el *berno,* rodela en castellano, indujo la confusión. A los payos de la época ese tocado tradicional gitano les parecía la aureola virginal que veían en las representaciones católicas. Por otro lado, la visión que en Europa y España tenían de Oriente Próximo era confusa y falta de conocimiento. El concepto oriental estaba plagado de asociaciones negativas, propias de un profundo desconocimiento y de la adopción de elementos ideológicos mal entendidos y ampliamente extendidos en el imaginario colectivo europeo. El contexto sociopolítico del momento fue determinante a la hora de construir las identidades otorgadas. En el caso de la España moderna, al equiparar el Imperio español con el Imperio romano, resultaba necesario mantener la idea de un Oriente enemigo que encarnara el deterioro de los valores occidentales y cristianos (Jiménez Meroño, 2024), lo que coadyuvó a la persistencia y posterior implantación del error ya que configuraba a la población gitana dentro del marco ideológico de referencia entonces imperante.

¿Romís/*Rromnă*?

El etnónimo *Rrom/Rromni* y su plural *Rromnă/Rroma* es un autónimo, es decir, el término con el cual se refieren a sí mismas la mayor parte de las personas gitanas del mundo. Ambas palabras, *romí/ron,* en su pronunciación española, forman parte del acervo lingüístico gitano español. Significan «persona gitana adulta» y «esposa/o».

Este sustantivo, no obstante, no ha tenido tradicionalmente el uso de etnónimo entre la comunidad gitana española. Desde hace algunos años se está imponiendo este uso como etnónimo debido a la influencia del movimiento asociativo romanó europeo liderado principalmente por activistas de origen étnico romanó[34]. No obstante, hasta la fecha no es percibido mayoritariamente como autónimo, sino que tiene más bien un uso restringido al ámbito asociativo y activista.

La decisión de utilizar «Rroma» para englobar a todos los grupos gitanos se tomó en el Primer Congreso Mundial (Londres, 1971) y no todos estos grupos la han asumido. En España, fuera del ámbito asociativo e institucional, no tiene apenas uso. En otros lugares, como en Alemania, la población gitana autóctona se autodenomina sinti y a nivel oficial utilizan la expresión alemana *sinti und roma.*

Calís y calós

En España históricamente hemos preferido el uso del etnónimo calí/caló (calís/calós/calés, en plural), que también es un autónimo. En sus diferentes versiones –*calão, calón, kale, kala*– se utiliza también por comunidades romaníes de otros países, como Argentina, Brasil, Gales (Reino Unido), Finlandia, Francia, México y Portugal.

Las personas gitanas españolas formamos una comunidad que, si bien se diferencia en pequeños grupos

---

34. En la diversidad de grupos que conforman la comunidad gitana, hay quienes no se autodenominan *Rroma* (como los *sinti* alemanes).

en virtud de la idiosincrasia local o regional, constituye un continuo identitario. Es decir, una calí de Triana (Sevilla) se siente más cercana a otra calí de Sevilla que a una de Barcelona, y dentro de ser sevillanas, le reconocerá mayor grado de hermandad a otra que sea del mismo Triana. Esto mismo sucede *mutatis mutandis* en Barcelona o en Madrid o en Alicante. Pero todas nos reconocemos como calís, con lo que ello implica en cuanto a mutua solidaridad, entre otras cosas.

En otros países, la comunidad romaní se subdivide en grupos tales como *kalderaś, lovara, ćurara, urśara,* etc. A diferencia de lo que ocurre en España, estos grupos están más diferenciados étnicamente entre sí y no se reconocen mutuamente en su hermandad salvo en relación a la población mayoritaria.

Caló, además, es el nombre de la variante española del romanó, idioma gitano.

También hay Rroma en España

Tras la abolición[35] de la esclavitud que sufrían las personas gitanas en las tierras rumanas, en la segunda parte del siglo XIX, hubo una oleada de nuevos grupos gitanos que migraron a todos los países de Europa, incluida España.

Muchas de esas familias tradicionalmente se han ganado la vida con los espectáculos circenses, los de la cabra Mariana que dio nombre a un palo flamenco, el

---

35. Ocurrida de modo gradual durante las décadas de 1840 y 1850.

cante por marianas, que popularizó el cantaor gitano Joaquín José Vargas Soto, Cojo de Málaga o Cojo de las marianas[36] y cuya letra más conocida dice:

Tronloró, tronloró...
Yo vengo de Hungría,
con mi Mariana
me busco la vía

Otras familias se dedicaron a la fabricación y reparación de calderos y útiles de cocina de cobre, de ahí que se les llame también *caldereros*. Su llegada impactó en la cultura popular española de manera que ha quedado impresa en la pervivencia de las comparsas de zíngaros y caldereros[37] que dan carácter propio a los carnavales de Donostia y de algunas otras ciudades. Esta tradición paya donostiarra, de vestirse como aquellos gitanos y gitanas kalderash, supone un acto de antigitanismo, lo que en otros contextos se llama *blackface* y que podríamos denominar en este caso *gitanoface*. Hemos de hacer una mención a las asociaciones gitanas de Donostia como Agifugi, que no paran de luchar para que esta burla hacia el Pueblo Gitano donostiarra se descolonice.

Ya en el siglo xx algunas de estas familias se ganaron la vida con aquellos cines ambulantes que llegaban a los pueblos y barrios con el tiempo estival y que llena-

---

36. El Cojo de Málaga o Cojo de las marianas (Málaga, 1880 - Barcelona, 1940) fue un especialista en los cantes minero-levantinos. Recibió su apodo debido a una poliomielitis que padeció siendo niño.

37. El 2 de febrero de 1884 desfiló por primera vez la Comparsa de Caldereros de la Hungría. Sigue siendo una de las comparsas más populares y cuenta con los personajes de caldereros, zíngaras, reina, damas, domador y oso.

ron nuestra infancia de héroes como el luchador manco que nos hacían estar todo el día imitando las poses y gritando onomatopeyas.

Y desde España, muchas de aquellas familias que escapaban de la esclavitud surcaron el Atlántico para poblar América y poder ser retratadas con la mirada limpia (Heredia Maya, 2004) del Nobel García Márquez en su magnífica novela *Cien años de soledad*: «Todos los años, por el mes de marzo, una familia de gitanos desarrapados plantaba su carpa cerca de la aldea, y con un grande alboroto de pitos y timbales daban a conocer los nuevos inventos». Estos grupos se dedicaron principalmente y de manera nómada a las actividades circenses y han sido llamados *húngaros*. Buena parte de esta población continuó su viaje hasta asentarse en Argentina, Chile, Colombia, Cuba, Ecuador, Guatemala o México.

Posteriormente y a consecuencia principalmente de la Segunda Guerra Mundial, hubo otra gran oleada de familias inmigrantes gitanas procedentes en este caso básicamente de tierras eslavas. También a estas se les aplicó el nombre de húngaros. Estas familias se consideran gitanos *kalderaś, rrumungre, lovàra*, etc. Muchas de estas familias han conservado el uso del romanó.

Por otra parte, desde finales del siglo XX, España ha acogido a un buen número de personas gitanas extranjeras, procedentes, por un lado, de la antigua Yugoslavia (especialmente de Bosnia), que huían de las guerras que asolaron esos territorios en los años noventa del siglo pasado, y, por otro, de Rumanía y Bulgaria, cuando estos países se incorporaron a la Unión Europea. Esta última es una migración claramente de tipo económico.

Ambos grupos, los llamados húngaros y los migrantes de más reciente acogida, aunque internamente están subdivididos en *kalderaś, erlìe, lovàra,* etc., se reconocen a sí mismos como *Rroma.* Se saben, por tanto, relacionadas unas con otras y con la comunidad gitana del país, los calós, aunque no convivan con nosotras ni tampoco hayan creado una comunidad con familias procedentes de diferentes países.

Por fortuna, mantienen el uso cotidiano del romanó y este hecho está dando lugar a una creciente generación de romanoparlantes españolas, hijas de esas familias migrantes, que acuden a las escuelas españolas y que ven impedido el pleno desarrollo de sus derechos lingüísticos ya que el Estado español, en un ejemplo más de su acervado antigitanismo, aún no ha decidido incluir el romanó en la Carta Europea de las Lenguas Regionales o Minoritarias, lo cual facilitaría su inclusión en el currículum escolar.

Lo que somos

Digámoslo alto y claro:

Las personas gitanas somos tan ciudadanas españolas como las payas tal y como proclama la Constitución en su artículo 14, y nuestra cultura es una más de las culturas que conforman esta matria[38] a la que hemos dado en llamar España.

---

38. Neologismo utilizado desde el feminismo y otros pensamientos alternativos para resignificar el viejo y patriarcal concepto de patria.

Somos una nación con adscripción territorial no compacta, es decir, que las personas que componemos el Pueblo Gitano residimos de manera estable en un mismo territorio y no mantenemos un modo de vida nómada[39].

Somos el resultado, la síntesis, de un patrimonio genético y cultural original indio desarrollado en contacto con otros pueblos y culturas durante el último milenio fuera de India, y especialmente en Europa desde el siglo XV por lo menos y en Abya Yala desde el XVI. Esto quiere decir que somos de origen remoto indio, pero a la vez somos de Europa, de España y, en nuestro caso particular, de la Comunidad Valenciana, de la provincia de Valencia y del pueblo de Navarrés. Sin que ninguna de esas categorías sea excluyente de las otras.

Tenemos una unidad histórica como pueblo, y esto es un hecho científicamente demostrado.

La cultura gitana desarrollada en el territorio que históricamente hemos llamado España forma parte de las demás culturas que se han desarrollado en este territorio.

La existencia de un componente gitano en las diferentes culturas españolas es insoslayable. Del mismo modo, las diferentes culturas de nuestro entorno han influido en la cultura gitana de cada lugar. Así pues, para entender en su complejidad el conjunto diverso y heterogéneo de las culturas españolas es necesario incorporar la perspectiva gitana.

---

39. En Reino Unido, Francia y Suiza aún persisten importantes comunidades romaníes cuyo modo de vida es nómada.

Lo que no somos

Digamos también alto y claro lo que no somos:

No somos la encarnación de los clichés odiados/temidos o deseados/románticos creados por malentendidos y manipulaciones.

No somos esos personajes imaginarios creados por lo que llamamos gitanismo o bohemianismo, afición o flamenquismo[40], sino un pueblo como cualquier otro, con personas reales, de carne y hueso, que se ganan la vida con el arte y los espectáculos, pero también con la industria, el comercio, la banca, la enseñanza o cualquier otra profesión o empleo.

No somos un subproducto de la marginación social, no somos el lumpemproletariado europeo, capa social más baja, sin recursos y sin conciencia de clase, ni ninguna otra clase social, sino un pueblo real en cuyo seno se dan todas las diversidades, incluidas las de clase.

A continuación vamos a explicar algunas cuestiones necesarias e importantes a este respecto.

Primera, el concepto *lumpenproletariat* fue acuñado y desarrollado por Karl Marx a partir de la palabra alemana *lumpen* (andrajo y andrajoso) para referirse a la clase social situada al margen y por debajo del proletariado, formada por elementos degradados, que no poseen ni medios de producción ni fuerza de trabajo

---

40. Fenómeno social surgido en el siglo XIX en diversos lugares de Europa, incluida España, consistente en la glorificación del nomadismo, el vagabundeo y la vida al aire libre y en libertad permanente que, supuestamente, vivían las personas gitanas. Este movimiento social, que abarcó tanto al público como a las y los artistas, surge influido por la visión romántica de la vida gitana. Contribuyó a fijar el mito basándose en los estereotipos que se habían venido difundiendo en torno a la verdadera cultura gitana.

ni conciencia de clase: «Junto a libertinos arruinados, *con equívocos medios de vida y de equívoca procedencia,* junto a vástagos degenerados y aventureros de la burguesía, *vagabundos, soldados licenciados, expresidiarios, huidos de galeras, timadores, saltimbanquis,* desclasados, carteristas y rateros, jugadores, alcahuetes, dueños de burdeles, mozos de cuerda, escritorzuelos, *organilleros, traperos, afiladores, caldereros, mendigos*; en una palabra, toda esa masa informe, difusa y errante que los franceses llaman la *bohème*» (Marx, 2003, 67). Hemos subrayado todo lo que alude de un modo u otro a gitana/o. Por supuesto, *bohème* y sus derivados *bohemien* y *bohemienne*[41] han significado en francés gitanidad, gitano y gitana (Agüero Fernández y Jiménez González, 2024), respectivamente, hasta que este concepto se ha vaciado de su contenido étnico para referirse a la clase social, movimiento cultural y estilo de vida que surgió inspirándose en la cultura y vida gitanas y que pretende distanciarse de las normas y convenciones sociales.

Segunda, no tenemos nada en común con los intocables, las tribus migratorias o las personas marginadas de India, salvo el haber sufrido históricamente o sufrir en la actualidad el racismo o la subordinación y exclusión social.

Os lo explicamos brevemente: en India hay una serie de pueblos etiquetados por el colonialismo británico

---

41. Tanto en Francia como en otros lugares de Europa (incluidos Aragón, Cataluña y Valencia), se nos adjudicó este exónimo dado que algunas de las primeras familias gitanas llegadas a Europa Occidental portaban salvoconductos emitidos por Segismundo de Luxemburgo, rey de Bohemia y emperador del Sacro Imperio Romano.

como *gypsies* (*banjara*[42], *gaduliya lohar*[43], etc.) que no tienen origen romanó ni lingüístico, ni étnico ni histórico y que tampoco han tenido un desarrollo histórico como el que sí ha vivido el Pueblo Gitano: diáspora, asentamiento en Europa y Abya Yala, esclavitud, *Samudaripen*... Estos grupos humanos tienen, por supuesto, sus particulares historias, culturas e idiomas.

Tercera, tampoco tenemos nada en común –salvo el racismo sufrido– con otros pueblos europeos considerados por las instituciones y gobiernos nacionales y comunitarios así como por la gitanología como gitanos: mercheros[44] (España), *yeniches*[45] (Francia, Alemania,

---

42. También se conocen como *laman, lambadi, sugalis* y *vanjara*. Pueblo compuesto por unos doce millones de personas, originario de Marwar (Rajasthan, India). Presente en los estados de Andhra Pradesh, Telangana y otras partes de India. Tradicionalmente dedicado al comercio, de ahí su nombre y su nomadismo. En el siglo XIX, las autoridades coloniales británicas, para evitar que utilizaran sus tradicionales rutas comerciales en competencia con los medios de transporte que estaban construyendo (carreteras y trenes), pusieron a esta población bajo la Ley de Tribus Criminales (1871), que la obligó a renunciar a sus ocupaciones tradicionales, por lo que algunas familias fueron sedentarizadas para que trabajasen en granjas en regiones montañosas (menos fértiles y con condiciones climáticas más complicadas).

43. También conocido como *gadia lohar*, es un pueblo nómada originario de Rajasthan y presente en Madya Pradesh, y que mayoritariamente vive en situación de marginación social y habitacional. Su oficio tradicional como herreros (fabricantes de herramientas y utensilios de hierro) ha servido para que las mentes coloniales británicas lo vincularan con el Pueblo Gitano.

44. También llamados quinquilleros/quincalleros. Pueblo de origen ibérico que ha practicado un modo de vida nómada y ha convivido con el Pueblo Gitano adquiriendo así partes de nuestra cultura. A pesar del gran mestizaje biológico y cultural habido entre ambos pueblos, siguen siendo pueblos diferenciados. La cultura merchera ha sufrido un mayor proceso de aculturación y está en trance de desaparecer por integración en el seno de la cultura paya española. Las ciencias sociales no le han prestado la suficiente atención, con lo cual se desconoce casi todo lo tocante a su historia y su cultura.

45. Tradicionalmente nómada, la mayor parte de esta población vive asentada. En Europa residen unas setecientas mil personas yeniches; se ignora el monto de la población yeniche emigrada a América y otros continentes. En 1926, la polí-

Suiza, Países Bajos y Bélgica), *travellers* (Irlanda, Reino Unido)... Esta distinción es primordial, ya que tanto la Comisión Europea como el Consejo de Europa, desde hace años, están asimilando a estos grupos étnicos con nosotras y a nosotras con ellas. Esa confusión es tan perjudicial como que en Irlanda están promoviendo que las personas *travellers* aprendan romanó cuando esa cultura tiene su propia lengua, el *shelta,* que está en riesgo de desaparecer; o que en la televisión inglesa emitan un programa que se titula *My Big Fat Gypsy Wedding,* donde los protagonistas son *travellers,* que en España se sigue vendiendo como *Mi gran boda gitana,* «Serie documental que muestra las peculiaridades de la cultura gitana inglesa», según es presentada por la cadena Antena 3 y en cuyo doblaje se genera la confusión más caótica al mezclar las denominaciones viajeros, nómadas, gitanos... que, como ya hemos dicho, corresponden a pueblos totalmente diferentes.

Toda esa diversidad de nombres que se nos aplican, sumada a las confusiones generadas en torno a nuestro lugar de origen remoto, han ido contribuyendo a la creación de una imagen de nosotras que nada tiene de realidad y que nos afecta y determina nuestra posición en

---

tica eugenésica del Estado suizo auspició la creación dentro de la Fundación Pro Juventute ¡todavía en activo! (disponible en: https://www.projuventute.ch/ de 08/07/2025) del programa *Les Enfants de la grand route/ Kinder der Landstrasse* cuyo resultado fue el secuestro de más de seiscientas hijas/os de familias yeniches para entregarlas/os en adopción a familias payas. Este programa también incluyó a hijas/os de madres solteras payas y estuvo activo hasta 1978 cuando el escándalo provocado por un reportaje publicado en *Der Schweizerische Beobachter* (*El observador suizo*) el 15 de abril de 1972 en el que se revelaba esta terrible historia obligó a abrir una investigación oficial. Dos mil doscientas personas yeniches recibieron una compensación del Estado suizo (en total unos diez millones de euros) y el presidente de Suiza, Alphons Egli, pidió disculpas públicamente ¡¡catorce años después!! de que se destapara el escándalo.

el mundo. Es por esto que hemos considerado necesario aportar la luz necesaria para que seamos vistas y tenidas por personas de carne y hueso reales como ustedes mismas.

Historias del Pueblo Gitano

> Lo poco que se conoce de los gitanos en general queda resumido en los tópicos que las revistas, los periódicos y toda la mala literatura han repetido incansablemente, reiterando sin cesar los temas más manoseados de un pintoresquismo fácil, y sin preocuparse nunca de la verdad.
>
> JEAN-PAUL CLÉBERT[46]

> Si no sabes a dónde vas, al menos debes saber de dónde vienes.
>
> TÍA SANDRA JAYAT[47]

EMPECEMOS POR DONDE DEBEMOS: hace falta una política de apoyo a la investigación y a la divulgación de la historia del Pueblo Gitano tanto en España como en el resto de países. Y, no lo olvidemos, esta política debe especialmente apoyar a las personas investigadoras y autoras gitanas.

La ciencia ha alcanzado un estatus omnipresente en nuestras sociedades y parece que lo científico es lo cierto y verdad, aunque no siempre lo sea, ya que la ciencia la hacen personas y cada persona tiene su particular carga de estereotipos y prejuicios que afectan a su percepción e interpretación. O sea, que por mucho que lo pre-

---

46. Jean-Paul Clébert (1926-2011) fue un escritor payo francés.

47. Sandra Jayat (1945-2025) fue una pintora, novelista, poetisa, cantante y activista francesa.

tendan, las ciencias, máxime las sociales, no son nada objetivas. Por eso nos parece fundamental la cuestión del conocimiento situado (Haraway, 1991) que siempre incluimos en nuestras presentaciones, puesto que la posición que se ocupa en el sistema mundo y desde la que se enuncia el conocimiento es determinante.

En las ciencias sociales, incluida la historiografía, se siguen manejando conceptos y categorías que más que describir o reflejar una realidad lo que hacen es sostener el edificio del racismo, del antigitanismo en nuestro caso. Son ideas que vienen desde la misma creación de las disciplinas científicas. Muchas de ellas surgidas para dar cobertura al colonialismo y justificar así lo injustificable: el retraso de los pueblos conquistados y su consecuente genocidio. Esto ocurre especialmente en la antropología y la etnología, pero no se libran otros ámbitos como la sociología o la historiografía.

Esas afirmaciones a veces son tópicos, meras repeticiones de cosas que otros afirmaron, que no se han comprobado nunca y que ni siquiera soportan la más mínima de las pruebas de falsabilidad o refutabilidad.

Ejemplo de esos tópicos repetidos: la gitanología se empeña en negarnos una historia y suele afirmar que no tenemos una historia escrita o que nuestra historia ha sido escrita por payos. ¡Pues claro! O ¿acaso la historia de cualquier país no ha sido escrita desde el poder? El lugar que ocupa la historia de las personas no poderosas no ha sido objeto de estudio puesto que lo que le ha interesado a la historiografía ha sido la historia de los reyes y sus guerras. En las últimas décadas estas narrativas hegemónicas están siendo revisadas desde el feminismo, el antirracismo, la decolonialidad... Y aquí estamos para aportar nuestra revisión descolonial, feminista y antirracista.

El Pueblo Gitano, como todos los pueblos, también tiene una historia, y una investigación seria en este campo es posible, necesaria y respetable, incluso fascinante, mucho más que todo tipo de leyendas que solo contribuyen a la exotización y al mal entendimiento.

La población gitana no vive actualmente ni ha vivido históricamente aislada de su entorno cultural, social, político, económico, religioso e histórico. Por el contrario, el Pueblo Gitano es y ha sido parte integrante de las sociedades de cualquiera que sea el territorio en el que nuestra población resida o haya residido y, por lo tanto, está y ha estado influido por las diferentes circunstancias culturales, sociales, políticas, económicas, religiosas e históricas que han afectado a las demás culturas y pueblos con los que se ha relacionado.

Una de las formas de negación, de epistemicidio, a las que hemos sido sometidas las personas gitanas ha sido imponer un relato de nuestra historia que ha preferido las fantasías y las leyendas.

Se ha dicho que somos descendientes de Caín en base a la maldición bíblica que éste recibió por el asesinato de su hermano Abel: «Cuando labres la tierra, no te volverá a dar su fuerza; errante y extranjero serás en la tierra» (RVR1960, Gen. 4:12) y en los oficios y formas de vida asignados a sus hijos: Yabal (vivir bajo tiendas), Yubal (tocar la lira y el caramillo) y Tubal (forjador de hierro y cobre). En base igualmente a la Biblia se ha dicho que fue un herrero gitano quien forjó los clavos con que los romanos crucificaron a Jesús. Existen diversas versiones de esta leyenda, aunque todas acaban del mismo modo: el gitano solo fabricó tres clavos, y el cuarto clavo, siempre incandescente, nos persigue continuamente y nos impide asentarnos en ningún lugar.

Estas leyendas inventadas al socaire del racismo antigitano no han funcionado solo a nivel popular sino que han sido asumidas incluso por los más renombrados pensadores payos europeos: Voltaire[48] –sí, sí, ¡el Príncipe de la Razón!– afirmaba que éramos un remanente de los antiguos sacerdotes y sacerdotisas de Isis, entremezclados con los de la diosa de los asirios. Otros autores, siempre hombres payos, afirmaron que éramos judíos que para librarnos de las persecuciones antisemitas nos inventamos la leyenda de nuestro origen egipcio y de que habíamos sido expulsados de allí por no haber acogido a la Virgen y al resto de la Sagrada Familia cuando huyeron a Egipto.

Hoy en día, la vieja leyenda que nos hace descendientes de una de las tribus perdidas de Israel vuelve a circular con fuerza, especialmente dentro de la Iglesia Evangélica de Filadelfia. Esta creencia, lejos de ser inocente, está siendo alimentada y aprovechada por sectores ligados al sionismo político, que confunden deliberadamente al pueblo bíblico de Israel –Jacob y su linaje– con el Estado moderno de Israel, construido sobre la ocupación, el apartheid y el genocidio del pueblo palestino. Esa confusión les permite atraer el apoyo emocional y espiritual de comunidades oprimidas como la nuestra, utilizando la fe para legitimar la opresión y el genocidio de otro pueblo, el palestino.

---

48. *The Works of M. de Voltaire* (1763).

Es por todo ello que se impone una revisión de todo lo que se ha dicho o escrito a nuestra cuenta. Esta revisión tiene necesariamente que hacerse desde la perspectiva decolonial y con mirada gitana ya que, como afirma la doctora Sarah Carmona (2024), «Todos los trabajos sobre la historia gitana universal han sido elaborados mediante el prisma de una temporalidad característica de la historiografía eurocentrista y occidental». Esto convierte a la narrativa gitanológica en un discurso alocrónico, es decir, en una narrativa impuesta por otros hombres generada en otro tiempo y en base a otros intereses bien distintos de los que aquí nos convocan: crear una contranarrativa que supere los tópicos antigitanos que sostienen el discurso hegemónico sobre nuestra gente, nuestra historia y nuestra cultura.

Por supuesto, debemos considerar que las comunidades que conforman el Pueblo Gitano tienen historias diversas en función de sus lugares de asentamiento y de sus relaciones con las sociedades mayoritarias con las que han interaccionado: así, en Rumanía y Moldavia, nuestra gente fue esclavizada mientras que en el Imperio otomano no hubo leyes antigitanas ni persecución, y en España hemos sufrido más de 230 leyes antigitanas y un intento de genocidio.

Dado que en estas pocas páginas difícilmente podemos dar cuenta de la totalidad de las diferentes historias que han vivido nuestras gentes, a continuación nos detendremos, brevemente, en algunos episodios de nuestra historia; hitos históricos sobresalientes y que muestran la diversidad histórica que nos define en base al territorio y a la sociedad circundante. Consideramos que estos deberían ser conocidos por todo el mundo y reconocidos por los diferentes gobiernos de Europa, que, además, deben pedir perdón como instituciones herederas y continuadoras e iniciar un proceso de restitución histórica de nuestra memoria y de reparación simbólica y real tendente a la compensación por el daño causado y por las consecuencias actuales de los diversos intentos de exterminio (Jiménez González, 2025).

En este capítulo dedicado a las historias del Pueblo Gitano nos centraremos, por tanto, en algunos hitos destacados que nos ayudarán a entender esta diversidad de desarrollos históricos.

De la India

La mayor parte de los libros escritos por payos en torno a la historia del Pueblo Gitano empiezan afirmando que se desconoce el origen de nuestra primigenia emigración. Una vez más, es una mentira, por muy extendida que esté. Y, como tal, contribuye a nuestra deshumanización y al mantenimiento, por tanto, del orden jerárquico establecido por el antigitanismo. En este apartado te contamos con todo detalle, incluida la fecha exacta, cómo fue el inicio del camino desde la India hacia occidente.

Desde el siglo XVIII se conoce la conexión lingüística entre el romanó y las lenguas habladas en la India. Gran parte de la gitanología relativa a esta conexión fue elaborada por oficiales y burócratas del Imperio británico[49], quienes aprovecharon sus estancias en la India

49. Inglaterra inició su expansión territorial ultramarina desde finales del siglo XV. Impuso un régimen colonial en la India hasta su independencia lograda en 1947.

para elaborar sus hipótesis y teorías históricas y lingüísticas sin mayor base científica que la mera comparación de lo que ellos conocían sobre los y las gitanas inglesas y su cultura con grupos étnicos minoritarios indios como Banjara, Gaduliya Lohar y otros, que a sus ojos parecían «gitanos», ya fuera porque ejercían un oficio itinerante o porque lucían trajes coloridos o tocaban unas músicas alegres.

Superados estos siglos de descaro colonial, el profesor Marcel Courthiade[50] formuló la llamada hipótesis de Kannauj, en base a los trabajos previos del Tío Rajko Đurić (2021)[51], que en paz descanse. Vamos con ella.

En el siglo VII, el emperador indio Harshavardhana convirtió la modesta aldea de Kannauj, actualmente en Uttar Pradesh, en la capital de su imperio, que abarcaba casi toda la mitad norte de la actual India. Con el tiempo, Kannauj creció como un destacado centro económico, cultural, artístico, religioso y espiritual. Esta riqueza motivó al sultán Mahmūd de Ghazni[52] a llevar a

---

50. Marcel Courthiade (Montceau-les-Mines, Borgoña, Francia, 02/08/1953 - Tirana, Albania, 04/03/2021) fue doctor en Lingüística, profesor del Institut national des langues et civilisations orientales (INALCO), investigador, intérprete y activista. Políglota, dominaba el albanés, alemán, francés, español, griego, hebreo, húngaro, inglés, italiano, latín, polaco, romanó, rumano, ruso, sánscrito y serbocroata.

51. Rajko Đurić (Malo Orasje, Serbia, 03/10/1947 - Belgrado, Serbia, 02/11/2020) fue doctor en Sociología, poeta y periodista, redactor jefe de la sección cultural del diario belgradense *Politika*, profesor de la Freie Universität de Berlín y miembro del Parlamento de Serbia. Lideró la Unión Romaní de Serbia, fue presidente de la Unión Romaní Internacional y secretario general del Centro Romaní del PEN Club Internacional. Autor de más de 500 artículos científicos y 34 libros, sus obras han sido traducidas y publicadas en numerosos idiomas europeos. Lamentablemente, en español solo se puede encontrar su poemario *Sin casa y sin tumba*.

52. Mahmūd de Ghazni (971-1030) fue un sultán de Gazna, que originalmente abarcaba Afganistán y el noreste de Irán. Conquistó el noroeste de la India y la

Kannauj 1018. Óleo sobre lienzo (150 × 200 cm) de Ornella Rudeviča, 2018. Centro de Cultura Romaní de Letonia.

cabo una incursión el lunes 20 de diciembre de 1018 (8 de *shaban* del 409 de la hégira), junto con sus valientes guerreros: once mil regulares y veinte mil voluntarios. Ninguna de las defensas previstas resistió el embate y el rey de Kannauj, Rajapala, de la dinastía Pratihara, huyó al otro lado del río Ganges, buscando refugio en sus bosques. Esa cobardía le costó la vida: Vidyadhara, rey de Jejakabhukti (actualmente Bundelkhand, en Madhya Pradesh), lo capturó, lo asesinó por su cobardía e impuso su dominio sobre Kannauj.

Mahmūd de Ghazni, en lugar de matar a la población como solía hacer en sus correrías, especialmente cuando

mayor parte de Irán. Transformó su capital, la actual Ghazni, en un centro cultural rival de Bagdad.

el soberano de la ciudad había huido, capturó a la totalidad de la población de Kannauj, cincuenta y tres mil personas, y se los llevó a la capital de su Imperio, Ghaznī[53], junto con dieciséis grandes carros cargados de joyas y riquezas por un valor de treinta mil rupias, y trescientos ochenta y cinco elefantes. La razón para no pasar a cuchillo a esta gente y llevársela radica en que eran en su mayoría artistas y artesanas a quienes consideró como parte de la riqueza digna de pillaje, ya que podría utilizar todos esos recursos humanos para convertir su pequeña Ghazni en una gran capital que pudiera estar a la altura de Kabul o de Bagdad. Hay que tener en cuenta que Kannauj en aquella época era conocida por la abundancia en su corte de personas sabias y artistas.

Una vez en Ghazni, puso a trabajar a las artesanas y artistas que eligió (por ejemplo, un grupo de arquitectos le construyeron la mezquita más grande de su época) y al resto las vendió como esclavas a los nobles de la región de Jorasán, actualmente en Irán, pero en la época un amplio territorio que abarcaba zonas de Uzbekistán, Tayikistán y Afganistán.

A partir de ahí, y tras la caída del Imperio gazhnávida y la llegada al poder de los turcos selúcidas que se aliaron con los persas sasánidas, muchas de estas esclavas indias traídas de Kannauj se fueron desplazando hacia occidente hasta llegar al Imperio bizantino, donde entraron en contacto con la población armenia y con el habla griega. Es ahí, en la península de Anatolia (actual Turquía, entonces Imperio bizantino), donde, según el

53. De esta palabra deriva etimológicamente *gaʒo*, gachó.

profesor Hancock (2006), se produce la koiné, la aglutinación de gentes y culturas que da origen tanto al romanó moderno como al propio Pueblo Gitano.

Estas gentes serían las que entraron a Europa dentro de un movimiento migratorio más general, el Renacimiento, y las que, ya en los siglos XV y XVI, se distribuyeron por todo el continente. Y, desde Europa, a Abya Yala, a África y a Australia.

Llegada de los gitanos a Berna, Suiza, en 1485. Diebold Schilling el Viejo (*Crónica de Spiez*, 749). Disponible en: https://www.e-codices.unifr.ch/de/bbb/Mss-hh-I0016/749

Es, por tanto, en Europa donde se construye la cultura gitana, que mantiene, eso sí, un componente indio fundamental. Por ello, la historia anterior al 20 de diciembre de 1018 es historia india, de la ciudad de Kannauj y sus habitantes, del Imperio de la India del Norte y sus reyes y emperadores... La historia del Pueblo Gitano empieza en Europa, porque fue aquí donde se consolidó el proceso de etnogénesis que se había iniciado en Anatolia. Por tanto, el componente europeo es tan fundamental en nuestra cultura e historia como el indio.

Llegada a Europa

Los documentos más antiguos encontrados hasta la fecha señalan la presencia de grupos o familias romaníes en los territorios que hoy conocemos como Europa desde el siglo XIV (Consejo de Europa, 2011). Es un movimiento migratorio que formó parte de un fenómeno mayor, el Renacimiento.

Es probable que anteriormente hubiera habido otros grupos o familias que no dejaron huellas documentales o cuyos rastros no se han encontrado, principalmente, porque no hay ninguna política de apoyo a la investigación historiográfica en ningún lugar de Europa. Las raras iniciativas habidas en este sentido han privilegiado a académicos no romaníes a los que su mediocridad les ha impedido involucrarse en largos procesos de investigación en remotos archivos donde la posible documentación en torno a la población romaní anterior a su llegada a Europa estaría escrita en idiomas cuyo análisis requeriría un profundo esfuerzo de aprendizaje.

La Europa que se encuentran estas primeras familias romaníes está en un proceso de crisis: se está acabando la Edad Media, con todo lo que ello implica de cambios en las formas y estructuras políticas, sociales, económicas, culturales, religiosas; es una Europa en tránsito hacia la Edad Moderna. Este periodo abarca los primeros siglos de nuestra estancia europea. Estos procesos tuvieron ritmos diferentes y se desarrollaron de maneras diversas en los diferentes lugares donde las poblaciones romaníes se establecieron. Ello ha provocado que la población romaní de cada lugar haya vivido una historia diferente.

De manera muy simplificada –rogamos, por tanto, que nos disculpen–: en Europa Occidental acaba la Edad Media y surgen los Estados-nación que se expanden y crean los imperios coloniales; mientras que en Europa del Este tenemos, por un lado, el Imperio otomano, en continua expansión y enfrentado a la Europa Central y Occidental, y, por otro, el Imperio ruso, que domina amplios territorios de una manera más estable y menos belicosa. Cada uno de esos entornos determina, evidentemente, lo que les sucede a nuestras antepasadas y antepasados.

Las respuestas dadas por el poder ante la presencia continuada de este nuevo grupo humano, la población romaní, difieren de unos territorios a otros.

Los gobernantes de Europa Occidental, incursos en el proceso de construcción de los Estados-nación que conllevará la acumulación en sus personas de un poder nunca antes visto, promueven una unificación que abarca diversos ámbitos: la lengua, la religión, el derecho, los ejércitos, las monedas... En ese contexto, la población romaní, recientemente llegada, es percibida como un foco de peligro: se nos acusa de ser espías del Imperio turco; se duda de la veracidad de nuestras creencias religiosas, que se considera que podrían ser un peligro para los verdaderos creyentes; y las autoridades sienten que nuestra etnicidad (el romanó, nuestra vestimenta, nuestros oficios) debe ser controlada para que no sea una fuente de divergencias...

Así, en un primer estadio, se pretende la expulsión de las gitanas y los gitanos de esos territorios y, cuando comprenden que por mucho que lo intenten no lo consiguen, deciden la deportación a las colonias (Portugal y Reino Unido) y el exterminio físico –genocidio, en términos actuales– y cultural –epistemicidio– (España e Imperio austrohúngaro).

Ejecución de una banda de gitanos. 14 y 15 de noviembre de 1726 en Giessen (Alemania). Grabado en cobre de Johann Andreas Kall. Incluido en Weissenbruch, Johann Benjamin (1727): *Ausführliche Relation Von der Famosen Ziegeuner Diebs, Mord und Rauber Bande, Welche Den 14. und 15. Novembr. Ao. 1726. zu Giessen durch Schwerdt, Strang und Rad, respective justificirt worden*. Frankfurt: Krieger.

En Rumanía y Valaquia, mientras tanto, donde el régimen feudal del vasallaje persistía, la población romaní es esclavizada, al tiempo que en el Imperio otomano es considerada parte de la ciudadanía y, en el caso de quienes no son musulmanes, es sometida a un régimen fiscal diferenciado.

Por otro lado, en los territorios del Imperio ruso, la población romaní, que es considerada como parte integrante de la sociedad, mantiene en gran medida un modo de vida nómada, aunque desde el principio existen poblaciones gitanas asentadas de manera estable, al igual que ocurre en Polonia y Lituania.

Asentamiento urbano

Contrariamente a lo que se suele pensar, una de las características comunes compartidas por las poblaciones gitanas de la mayor parte de los países de Europa es, desde el principio, su asentamiento urbano. Así, encontramos gitanerías[54], *mahàla*, tan antiguas como, por poner solo algunos ejemplos: Sulukule, Estambul (Turquía), habitado por familias romaníes desde hace casi mil años, cuando aún existía el Imperio bizantino (Marsh, 2008); el Sacromonte, Granada, que empezó a ser habitado por familias gitanas durante el siglo XVI; Sant Jaume, Perpiñán (Francia), donde residen familias gitanas desde el siglo XVIII; o Triana, Sevilla, que fue una

---

54. Vecindarios donde las familias gitanas han residido históricamente de manera elegida. *Mahàla* es un préstamo proveniente del árabe a través del turco otomano.

gitanería desde el siglo XVI hasta que en 1957 el gobernador civil Hermenegildo Altozano Moraleda, en connivencia con el Ayuntamiento, llevó a cabo la destrucción de la comunidad gitana de Triana para especular con el valor urbanístico de las propiedades[55].

Todas estas gitanerías han dado lugar a expresiones genuinas, propias, particulares de la amplia y diversa cultura creativa gitana. Triana, a lo largo del siglo XIX y parte del XX, fue uno de los lugares donde nació el arte flamenco y el estilo de toreo gitano, con dinastías míticas de toreros, familias cantaoras de renombre, un estilo de baile flamenco reconocible y cantes propios como la soleá o los tangos (Peña Fernández, 2024). En el Sacromonte, por otro lado, se creó y se mantiene la zambra, espectáculo de cante y baile gitano en el que se recrea la ceremonia de una boda gitana. Igualmente, la música de Sulukule es en sí misma un estilo musical reconocible. En el Barrio de Gràcia y en el Carrer de la Cèra (Barcelona) nació la rumba catalana, y en Sant Jaume (Perpiñán) la rumba catalana ha evolucionado para ser la rumba francesa.

Estamos hablando, por tanto, de una población principalmente urbana (Stoichiță, 2016) y dedicada a profesiones urbanas:

- Artesanía: cestería (mimbre, caña, sauce, corteza de castaño), herrería (clavos, alcayatas, herraduras), cordelería (esparto y cáñamo), calderería (fabricación y reparación de utensilios, canales, tejados), cerámica,

55. Quien lo desee puede ver el documental *Triana, pura y pura* en donde se narra esta tragedia. Disponible en: https://www.youtube.com/watch?v=VONMOGTH8CM (05/09/2025).

fabricación de ladrillos, elaboración de utensilios de madera (cucharas, artesas, pinzas para la ropa), reparación de paraguas, reparación de sillas de enea y mimbre, afilado de cuchillos, zapatería (fabricación y reparación), panadería, herrado de caballerías, esquilado de caballerías y otros animales...

- Espectáculo: música, danza, teatro, circo, exhibición de animales (cabras, osos, monos), cine (exhibición de películas y participación como figurantes y extras de acción), toreo...
- Adivinación: lectura de la buenaventura en la palma de la mano (quiromancia), tarot...
- Comercio: flores (frescas o de papel), hierbas medicinales, hierbas aromáticas (para cocinar o para ambientar el hogar), compra y venta de ganado[56] (especialmente caballar, mular y asnal), ropa, calzado, literatura de cordel, colchones, comercio estable y ambulante de todo tipo de mercancías (carnicería, pescadería, frutería, panadería, zapatería, moda, hilo y utensilios de costura...), anticuario (compra y venta de antigüedades)...
- Reciclaje: chatarra, trapos, lana de colchones, papel, cartón...
- Hostelería: ejerciendo los oficios propios (cocina, servicio, limpieza) y regentando locales (restaurantes, mesones, pensiones, hoteles, cafeterías, tablaos, cafés-cantante, salas de fiesta).

56. Comúnmente denominado trato.

Todas estas ocupaciones requieren presencia abundante de público, por lo que las ciudades o las ferias y otras aglomeraciones de gente son el lugar ideal para su ejercicio. Por ello, la mayor parte de las familias residían de manera permanente en una ciudad y viajaban a los pueblos para acudir a las fiestas, ferias, mercados, etc.

La elección de estos oficios estaba determinada por varias razones: los conocimientos y habilidades propios, la tradición familiar, la demanda del público, las posibilidades legales de ejercerlos... No obstante, hubo, al menos, dos limitaciones legales que impidieron la inclusión de las familias gitanas en los sistemas productivos de la época. Por un lado, en el momento del asentamiento romanó en Europa, muchas profesiones estaban reguladas y organizadas en gremios para cuyo acceso –por ejemplo, en el caso de España– se requería limpieza de sangre y un largo proceso formativo: empezar de niño como ayudante de un maestro hasta alcanzar el dominio del oficio y elaborar una pieza maestra que debía superar el examen del gremio. Además, estos gremios excluían a las mujeres.

Por otro lado, dado que el sistema feudal determinaba a quién correspondía la propiedad de la tierra, las familias gitanas no pudieron acceder con facilidad a los oficios agrícolas o ganaderos, salvo aquellos que eran y son temporales: recogida de cosechas (vendimia, ordeño y vareo de la aceituna, algodón, siega de cereales, lúpulo, recogida de naranjas, manzanas, patatas, remolachas, tomates, pimientos, cebollas, habas...) y otras labores igualmente temporales y que requieren un refuerzo de la mano de obra, tales como la poda de viñedos o el pisado de la uva para elaborar el vino.

La narrativa historiográfica hegemónica considera que el documento más antiguo que atestigua la presencia de personas gitanas en el territorio hoy denominado España es el salvoconducto dado por el rey Alfonso v de Aragón, el 12 de enero de 1425, en favor de Juan de Egipto Menor. El hecho de ser considerado el primer documento que atestigua la presencia de personas gitanas en España le dota de una relevancia que creemos merece un análisis pormenorizado.

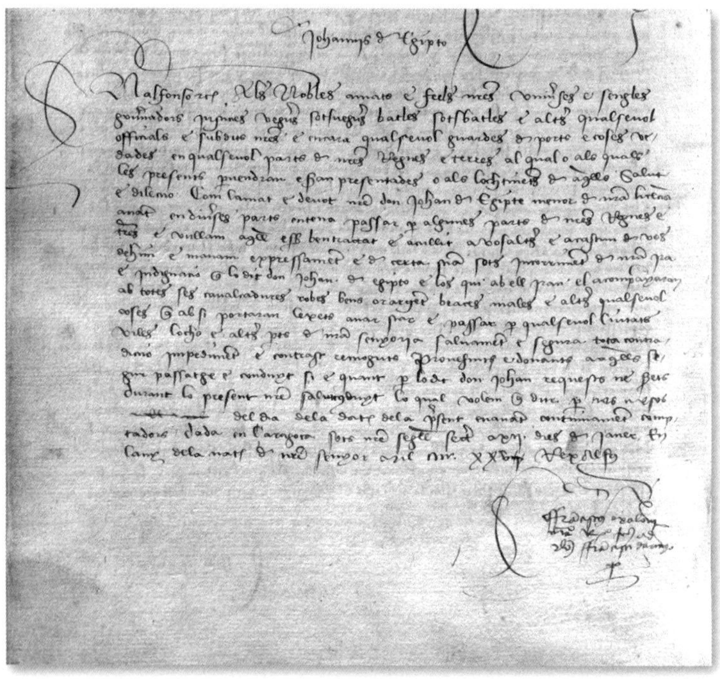

Salvoconducto dado a Juan del Egipto Menor. Archivo de la Corona de Aragón, ACA, CANCILLERÍA, Registros, NÚM. 2573, folio 145v.

Para empezar, en esas fechas aún no existía España. Ni siquiera habían nacido Isabel de Castilla y Fernando de Aragón, cuyo matrimonio, en 1469, implicó la unión dinástica y el inicio de la formación territorial del Estado español. O sea, que como mínimo, cuarenta y cuatro años antes de que empezara a crearse España, ya había familias gitanas en este territorio. Por tanto, no es que el Pueblo Gitano llegara a España, es que el Pueblo Gitano formó parte de quienes participaron de alguna forma en la creación de este Estado.

Para continuar, este documento no es el más antiguo sino el más antiguo que se ha encontrado hasta ahora, que no es lo mismo. ¿Es posible que haya documentos anteriores en los cuales se mencione a personas gitanas? ¡Claro! Si no los conocemos es porque nadie los ha buscado. Y está claro también, como ya hemos mencionado, que debería haber una política de apoyo a la investigación para que personas gitanas con formación historiográfica pudieran descubrir y divulgar otros documentos similares.

Aunque en el documento no aparece mención alguna a la pertenencia étnica del tal Johannis de Egipto Menor, se ha aceptado e impuesto hegemónicamente que este es el primer documento que hace mención de la presencia de población gitana en el territorio peninsular. De hecho, este documento ha servido de excusa para que el Consejo de Ministros de España haya declarado 2025 como Año del Pueblo Gitano en conmemoración del cumplimiento del 600.º aniversario de esta efeméride.

A partir de este documento se han creado una serie de falsos mitos antigitanos que consideramos racistas, primero por su falsedad y segundo porque dan por supuestos datos que no aparecen explícitos en él y que están basados en prejuicios y estereotipos. Estos falsos mitos se han perpetuado hasta el presente, sin que nadie se haya molestado en verificar o contrastar esas supuestas informaciones, siempre provenientes de fuentes payas. Y eso que el documento está disponible en internet para quien quiera verlo o analizarlo.

Veamos en detalle, pues, el susodicho documento que reproducimos la imagen de la página 78. Para empezar a analizarlo, tomamos la transcripción oficial que aparece en la página web del Ministerio de Cultura:

> Johannis de Egipto. N'Alfonso et caetera. Als nobles, amats e feels nostres universes e sengles governadors, justícies, veguers, sotsveguers, batles, sotsbatles, e altres qualsevol officials e súbdits nostres, e encara qualsevol guardes de ports e coses vedades en qualsevol parts de nostres regnes e terres, al qual o als quals les presents pervendran e seran presentades o als lochtinents de aquells. Salut e dilecció. Com l'amat e devot nostre don Johan de Egipte Menor, de nostra licència anant en diverses parts, entena passar per algunes parts de nostres regnes e terres, e vullam aquell ésser ben tractat e acollit. A vosaltres e a cascun de vos dehim e manam expressament e de certa sciència, sots incorriment de nostra ira e indignació, que lo dit don Johan de Egipte e los qui ab ell iran e l'acompayaran, ab totes ses cavalcadures, robes, béns, or, argent, beaces, males e altres qualsevol coses que ab si portaran, lexets anar, star e passar per qualsevol ciutats, viles, lochs e altres parts de nostra senyoria salvament e segura tota contradicció, impediment e contrast remoguts. Povehint e donant a aquells segur passatge e conduyt si e quan per lo dit don Johan requests ne serets durant lo present nostre salconduyt, lo qual volem que dur per tres mesos[4] del dia de la data de la present en avant contínuament comptadors. Dada en Çaragoça sots nostre segell secret a XII dies de janer en

> l'any de la Nativitat de Nostre Senyor Mil cccc xxv. Rex Alfonsus. Ffranciscus Exaloni, mandato regio facto ad relacionem Francisci d'Arinyo. Probata.

Esta es la adaptación del catalán antiguo que ofrece la Unión del Pueblo Romaní en su web:

> Johannes de Egipto. El Rey Alfonso, etc., a todos y cada uno de sus nobles, amados y fieles nuestros y sendos gobernadores, justicias, subvegueros, alcaldes, tenientes de alcalde y otros cualesquiera oficiales y súbditos nuestros, e incluso a cualquier guarda de puertos y cosas vedadas en cualquier parte de nuestros reinos y tierras, al cual o a los cuales la presente ser presentada, o a los lugartenientes de aquellos, salud y dilección. Como nuestro amado y devoto don Juan de Egipto Menor, que con nuestro permiso ir a diversas partes, entiende que debe pasar por algunas partes de nuestros reinos y tierras, y queremos que sea bien tratado y acogido, a vosotros y cada uno de vosotros os decimos y mandamos expresamente y desde cierto conocimiento, bajo pena de nuestra ira e indignación, que el mencionado don Juan de Egipto y los que con él irán y lo acompañarán, con todas sus cabalgaduras, ropas, bienes, oro, plata, alforjas y cualesquiera otras cosas que lleven consigo, sean dejado ir, estar y pasar por cualquier ciudad, villa, lugar y otras partes de nuestro señorío a salvo y con seguridad, siendo apartadas toda contradicción, impedimento o contraste. Proveyendo y dando a aquellos pasaje seguro y siendo conducidos cuando el mencionado don Juan lo requiera a través del presente salvoconducto nuestro, el cual queremos que lleve durante tres meses del día de la presente contando hacia adelante. Entregada en Zaragoza con nuestro sello el día doce de enero del año del nacimiento de nuestro Señor 1425. Rey Alfonso.

Evidentemente, el documento reproducido no es el original que recibió el dicho Don Johan de Egipto Menor sino el asiento (copia) del registro que del mismo dejaron los funcionarios del Reino de Aragón don Francisco de Axalo, escribano de mandato, y don Francisco de Arinyo, secretario de la Cancillería de la Corona de Aragón, para que quedase constancia en el archivo correspondiente.

El documento está escrito con el lenguaje administrativo de la época, con lo cual no se puede afirmar ni que este viajara acompañado de más gente (su «tribu», como racistamente afirma incluso la web del Ministerio de Cultura) ni que portase riquezas y cabalgaduras, ni que se lo diera en mano el propio rey... De hecho, estas cartas de seguro eran de naturaleza personal y no genérica e iban dirigidas a las autoridades del Reino a favor de garantizar la seguridad y pasaje de personas concretas (León-Borja, 2005).

Por otro lado, hemos de decir que es muy sorprendente que la denominación Egipto Menor no aparezca utilizada en otros contextos historiográficos no relacionados con la temática gitana. Creemos que ello obedece a algún error o malentendido inicial. Es decir, que el bueno de Don Juan de Egipto Menor no dijo venir de allí, sino que esta fue una interpretación del funcionario de la Cancillería de la Corona de Aragón que lo atendió, lo cual es más que probable. Podemos imaginar la escena: un extranjero tratando de hacerse entender por unos funcionarios utilizando para ello alguna de las lenguas internacionales –latín y griego, esta última con mayor probabilidad puesto que era la lengua del Imperio bizantino en el cual vivieron nuestras antepasadas (Hancock, 2002) varios siglos antes de su entrada en territorios hoy considerados como parte de Europa– de la época o alguna de las lenguas aprendidas en su viaje, y los funcionarios tratando de entenderlo desde su escaso o nulo conocimiento del griego ya que la Cancillería de Aragón solía utilizar el latín para elaborar algunos documentos y el castellano y el catalán para la correspondencia diplomática (González Ollé, 2009). Lo más probable es que el bueno de Don Johan dijera proceder de Asia Menor. En fin, nunca lo sabremos, pero esta versión nos cuadra más y nos hace más humanos tanto al supuesto gitano solicitante del salvoconducto como a los funcionarios aragoneses que lo atendieron.

Tampoco sabemos de dónde se saca la narrativa hegemónica la repetida afirmación de que Johan de Egipto y su familia iban de peregrinación a Santiago, ya que el salvoconducto nada dice del destino del viaje. Nuestra hipótesis es que, en algún momento, alguna de las personas que han ido dando a conocer estos antiguos documentos haya confundido romaní con romero (peregrino) teniendo en cuenta que romaní tanto en catalán como en aragonés significa romero (*Salvia rosmarinus*, planta aromática) y, a partir de ahí, haya elucubrado que la peregrinación no podía ser otra que la de Santiago. Tan solo es eso, un salvoconducto que le autoriza a «ir, estar y pasar por cualquier ciudad, villa, lugar y otras partes de nuestro señorío a salvo y con seguridad».

No obstante lo antedicho, si fuera cierto que el tal Johan de Egipto era un rom, un gitano, estaríamos ante un dato que habitualmente no se menciona y es que la población romaní formaría parte de la población peninsular desde antes de la creación del Estado español. Lo cual debería contribuir a considerarnos en pie de igualdad con el resto de comunidades que lo conforman y a dejar de mantenernos en un estatus subordinado, marginado, discriminado y postergado.

El Estado contra el Pueblo Gitano

Como se ha mencionado previamente, el antigitanismo en el Estado español se ha sustentado en más de 230 leyes que castigaron y regularon todos los aspectos de la vida gitana, llegando incluso a un intento de exterminio en 1749.

Todo comenzó el domingo 4 de marzo de 1499, con la luna en su fase de cuarto menguante, cuando el rey Don Fernando y la reina Doña Isabel, católicos ambos, firmaron en la villa de Madrid[57] la primera pragmática[58] antigitana: «Mandamos que desde el día que os fuere notificada [...] [dispondréis de] hasta sesenta días [para que] vosotros y cada uno de vos viváis por oficios conocidos [...] o tomades vivienda de señores a quien sirváis [...] y no andéis más juntos vagando por estos nuestros reinos como ahora lo hacéis o dentro de otros sesenta días [...] salgáis de nuestros reinos y no volváis a ellos de manera alguna so pena que si en ellos fuéredes hallados, o tomados sin oficio, o sin señores, o juntos, pasados los dichos días, que den a cada uno de vos cien azotes por la primera vez y le destierren perpetuamente de estos reinos y por la segunda vez que vos corten las orejas y

57. Ignoramos por qué, durante años, la gitanología española ha denominado a esta como Pragmática de Medina del Campo.

58. En la jerarquía de las leyes históricas españolas, las pragmáticas ocupaban el máximo rango, equivalentes a una ley orgánica actual.

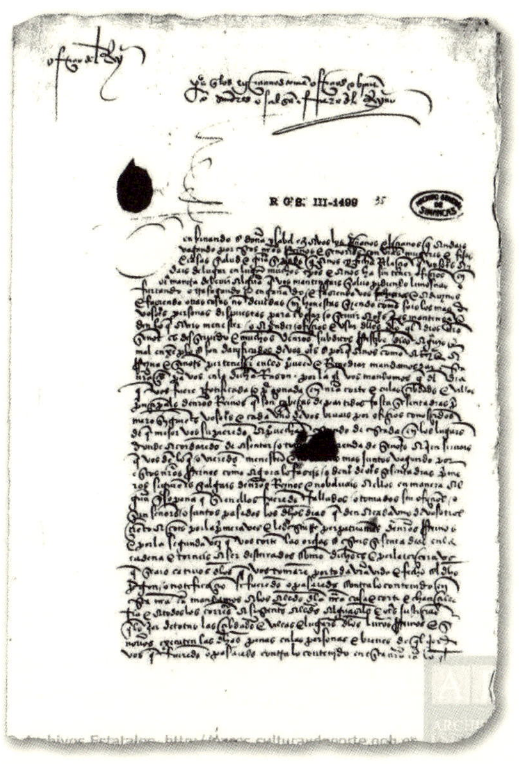

Carta Pragmática de los Reyes Católicos para que los egipcianos tomen oficios o vivan con señores o salgan del Reyno en sesenta días. Archivo General de Simancas. Documentos del Registro General del Sello. Sección Cancillería.

estéis sesenta días en la cadena y tornéis a ser desterrados como dicho es y por la tercera vez que seáis cautivos de los que os tomaren por toda vuestra vida» (sic).

Todas las leyes antigitanas posteriores se hicieron sobre la base de esta, ampliando las prohibiciones y reforzando los castigos gradualmente hasta culminar en la Prisión General de 1749 que trataremos con mayor profundidad en el siguiente apartado.

Esta pragmática establecía que si en el plazo de sesenta días las personas gitanas de entonces no se integraban (tomaban un oficio conocido, se asentaban y dejaban de ir de un sitio a otro en compañía de otras personas gitanas), serían expulsadas del Reino. En esta primera ley antigitana ya se menciona explícitamente a las mujeres y a los niños y niñas y los castigos previstos (cien azotes, corte de orejas, prisión y destierro) también les eran de aplicación a estos y estas.

A partir de ese momento, se creó un marco legal que hizo imposible que los y las Rroma vivieran en España y mantuvieran una identidad romaní propia. Por ello, desde el inicio de la presencia de las poblaciones gitanas en los territorios españoles, nuestras antepasadas y antepasados utilizaron diversas estrategias de resistencia para asegurar nuestra supervivencia cultural.

Aquellas gitanas sufrieron la terrible persecución a que dio inicio esta pragmática y sus consecuencias siguen lastrando nuestro presente y obstaculizando nuestro futuro.

Al analizar la producción legislativa antigitana en España vemos cómo se va modificando la representación de las personas gitanas, ¡nuestras abuelas y abuelos, vaya!, que pasan de ser consideradas extranjeras a ser consideradas delincuentes por naturaleza.

Las leyes antigitanas siguieron un *in crescendo* persecutorio, punitivo, según el cual se iban incrementando las conductas perseguidas y endureciendo los castigos previstos hasta llegar a la Prisión General de 1749, intento fracasado de genocidio que tuvo, al menos, 12.000 víctimas (Gómez-Alfaro, 1993; Martínez Martínez, 2014).

La primera ley antigitana dada en España[59], en 1499, consiste básicamente en una ley de extranjería –de regulación de la vida de unas personas a quienes se considera extranjeras– dictada para que «los egipcianos tomen oficios/o bivan con señores/ o salgan del reyno dentro de sesenta días» (sic).

Esta legislación se fue reforzando por medio del endurecimiento de los castigos, pero mantuvo el mismo espíritu de integración, de regulación de la vida de estas gentes que vagaban. Era esa vagancia, ese nomadeo, el que era percibido como fuente de conflictos, a pesar de que los propios legisladores, los reyes firmantes de aquellas leyes, reconocían que parte de los delitos de los que se acusaba a los egipcianos y egipcianas eran cometidos por gentes de otras naciones, es decir, lo que el refrán castellano viene afirmando desde antiguo: so capa de gitano se esconden muchos castellanos. O lo que es lo mismo, los residentes locales aprovechaban la presencia de familias gitanas que iban de paso para cometer fechorías y poder acusar después a los foráneos de haberlas cometido.

Así, la figura de la gitana o del gitano andarrío o nómada termina confundiéndose con la del sospechoso o vagabundo, de manera que en 1566, en una pragmática de Felipe II sobre vagabundos, ladrones, blasfemos, rufianes, testigos falsos, inductores y bígamos, se incluye a los *ygicianos* (gitanos) y caldereros extranjeros como

59. 4 de marzo de 1499, pragmática de los Reyes Católicos, recopilada en el *Libro en que estan copiladas algunas bullas de nuestro muy santo padre concedidas en fauor de la jurisdicion real de sus altezas et todas las pragmaticas que estan fechas para la buena gouernacion del reyno*. Fol. CLXX. Disponible en: https://biblioteca.ucm.es/historica/bullas (11/07/2025).

vagabundos y, por tanto, se determinan para ellos y ellas los mismos castigos que venían aplicándose a los dichos vagabundos: cuatro años en galeras la primera vez que fuesen hallados ejerciendo de vagabundos, o sea, fuera de sus lugares de residencia; cien azotes y ocho años de galeras, la segunda vez; y cien azotes más condena perpetua en galeras, la tercera vez[60].

Por tanto, cuando las medidas de expulsión y de exterminio fracasaron, se estableció que el ser gitana o gitano (vestir como gitana, hablar romanó, residir en cualquier lugar no designado, ejercer cualquier oficio que no fuera la labranza de la tierra o salir de tu lugar de residencia sin un motivo legal válido –por ejemplo, para cumplir un encargo del amo–) era delito. Así, cuando el desarrollo social fue implantando las modernas políticas de persecución del delito, las personas gitanas fueron convertidas en objetivos de la acción policial ya que, como decía Lombroso, en su libro *L'uomo delinquente*, «*Sono una immagine viva di una razza intera di delinquenti*»[61], es decir somos delincuentes natas y, por tanto, peligrosas, sospechosas, perseguibles, controlables...

Así, a la Policía creada por Real Cédula el 13 de enero de 1824 se le encomendaba entre sus funciones propias (artículo 13) «controlar las actividades económicas ejercidas en la calle: venta ambulante, cantarines, sal-

60. 3 de septiembre de 1552, pragmática de Felipe II *de la pena que han de auer los ladrones y rufianes y vagamundos y para que sean castigados los holgazanes ansi hombres como mugeres y los esclauos de qualquier edad que sean que fueren presos*. Disponible en: https://uvadoc.uva.es/handle/10324/43670 (05/09/2025).

61. «Son la viva imagen de una raza entera de delincuentes». La traducción es nuestra.

timbanquis, portadores de linternas mágicas, titiriteros, volatines, conductores de osas o monas»[62]. Además, por si no quedaba claro que entre las funciones de la Policía estaba el control de la población gitana, el artículo 14.6 establecía: «[atribuciones que desempeñará la Policía] recoger los gitanos sin domicilio [...], los chalanes[63] o corredores[64] de caballerías que no tengan licencia de la policía, y entregarlos a disposición de la justicia para que los destine con arreglo a las leyes». Como es bien sabido, muchas familias gitanas españolas se han dedicado al trato de ganado y han ejercido los oficios de chalanes o de corredores.

Veinte años después, el 13 de mayo de 1844, se creó la Guardia Civil, un cuerpo militar con rasgos de policía rural que vendría a reforzar la persecución de las personas gitanas. Al año siguiente de su creación se aprueba la Cartilla del Guardia Civil con la que se pretendía dotar a los guardias civiles de una serie de normas, a modo de código moral y ético, que guiaran su comportamiento a la hora de cumplir su trabajo. En dicha Cartilla (Capítulo II, artículo 10) leemos: «[El Guardia Civil] Vigilará escrupulosamente a los gitanos que viajen, cuidando mucho de reconocer todos los documentos que tengan; de confrontar sus señas particulares; observar sus trajes; contar las caballerías que lleven; inquirir el punto a

---

62. Todas estas profesiones son mencionadas explícitamente y, como puede verse, eran oficios ejercidos tradicionalmente por personas gitanas.

63. Que trata en compras y ventas, especialmente de caballos u otras bestias, y tiene para ello maña y persuasiva (DRAE).

64. Mandatario que, como comerciante acreditado, actúa vendiendo o comprando por cuenta de uno o varios (DRAE).

que se dirigen, objeto de su viaje, y cuanto concierna a poder tener una idea exacta de los que encuentre; pues como esta gente, no tienen en lo general residencia fija, y después de hacer un robo de caballerías, u otra especie, se trasladan de un punto a otro en que sean desconocidos, conviene mucho tomar de ellos todas estas noticias». ¡Eah! Así nos querían: vigiladas y bien controladas.

La peligrosidad social, esto es, el prejuicio de que alguien perteneciente a una determinada clase social o etnia es más proclive a cometer delitos, es la clave para entender la deriva legislativa que va desde castigar las acciones (los delitos) a prevenir que se cometan mediante el control sobre esas poblaciones sospechosas. Esta es la lógica que subyace en la actual práctica del perfilamiento étnico[65], práctica discriminatoria y contraria al ordenamiento jurídico nacional e internacional (García Añón, 2024), consistente en el uso de generalizaciones basadas en la etnia y la raza en lugar de pruebas objetivas o un comportamiento individualizado como elemento determinante para aplicar la ley o para investigar la autoría en la comisión de un delito (Ouled, 2023).

Como vemos aquí, confluyen el interés del Estado por controlar a quienes parece que están fuera de la norma, y el temor de la naciente y creciente burguesía a ser víctima de los delitos que podrían cometer quienes formaban las capas sociales desposeídas, marginadas, pobres... Y todo ello, basado en el estereotipo, la idea

65. *Ethnic or racial profiling,* en inglés.

preconcebida, del nomadismo gitano y de la predisposición al delito.

Estos valores, estas representaciones generadas desde el Estado en su afán de disciplinar al Pueblo Gitano, han calado en el imaginario popular de manera que nuestra imagen pública sigue siendo la de delincuentes natos, delincuentes porque sí, porque somos gitanas y nacemos al mundo para delinquir como ya dejó escrito Miguel de Cervantes en su novela ejemplar *La Gitanilla* (1613): «Parece que los gitanos y gitanas solamente nacieron en el mundo para ser ladrones: nacen de padres ladrones, críanse con ladrones, estudian para ladrones y, finalmente, salen con ser ladrones corrientes y molientes a todo ruedo; y la gana del hurtar y el hurtar son en ellos como acidentes inseparables, que no se quitan sino con la muerte».

Así mismo, la aplicación de la Ley de Vagos y Maleantes durante la dictadura franquista supuso un *continuum* en relación con las prácticas históricas anteriores de represión y estigmatización del Pueblo Gitano (García Sanz, 2019), lo cual ha contribuido a reforzar esa idea de que las personas gitanas somos delincuentes. Estereotipo que con el advenimiento de la democracia se ha ido reformulando, adaptándolo a las necesidades justificatorias del propio sistema represor del Estado para acusarnos, por ejemplo, de traficantes de droga.

Actualmente, incluso, para justificar la exclusión, la discriminación, el desamparo, el abandono institucional, el incumplimiento del deber institucional (tanto estatal, como autonómico o municipal) de proveer de servicios adecuados a la ciudadanía, se acusa a las personas gitanas residentes en los guetos de cultivar marihuana y reventar así por sobreexplotación el sistema eléctrico.

Como vemos, el antigitanismo es muy útil al poder y le sirve para justificar lo injustificable y más allá.

Pero ni los Reyes Católicos ni toda su ralea, incluidos los Borbones que aún detentan la Corona, han conseguido su propósito. Por eso el poder (ejecutivo, legislativo y judicial), apoyado por los medios de comunicación, la Iglesia y las oenegés sigue intentándolo ya que los objetivos de las políticas actuales siguen siendo los mismos: que nos integremos subordinadamente; que tomemos oficios conocidos dentro del sistema capitalista para su mayor beneficio; que no nos unamos para mantener y reforzar las naturales divisiones internas no vaya a ser que si descubrimos el potencial de nuestra unión vayamos a plantarles cara. En definitiva, que desaparezcamos como modelo de existencia alternativa (Filigrana, 2020).

Prisión General de gitanas y gitanos

El 5 de julio de 1747, Gaspar Vázquez Tablada, obispo de Oviedo y gobernador del Consejo de Castilla[66], presentó al rey Fernando VI una propuesta donde señalaba el fracaso histórico de todas las leyes promulgadas contra los gitanos hasta entonces y proponía la solución: separar a todas las gitanas y gitanos del resto de la población. Así se inició el proceso que llevaría a la Prisión General de Gitanos (Gómez-Alfaro, 1991).

---

66. Institución principal de la estructura de poder del Estado español en la Edad Moderna con una amplitud enorme de poderes, funciones y competencias.

Para despacho de oficio quatro mrs.

SELLO QVARTO, AÑO DE MIL SETECIENTOS Y QVARENTA Y NUEVE.

REAL ORDEN
PARA LA PRISION
DE GITANOS.

HAviendo resuelto el Rey se recojan para destinar, como lo tenga por conveniente, los Gitanos avecindados, y vagantes en estos Reynos, sin excepcion de sexo, estado, ni edad; y respecto de no haverse logrado completamente en la prision de todos, mandada hacer en el dia treinta del mes passado: Manda aora su Magestad, que por todos medios, y en todas partes, se solicite, y assegure la de los que huvieren quedado, sin reservar refugio alguno à que se ayan acogido, respecto de estàr convenida con el Nuncio de su Santidad la extraccion del Sagrado, mediante la ordinaria caucion, haciendo responsables de la omission, ò defecto que se experimentare à las Justicias Ordinarias de los Pueblos, y Jurisdicciones en que suceda, y se averigue: Y de su Real orden lo prevengo à V. para que por sì, en la parte que le corresponda, y comunicandolo à todas las Justicias de su Jurisdiccion, con las advertencias, y convinaciones, que tuviere por convenientes, se logre el cumplimiento de la expressada Real determinacion, como se espera del zelo de V. y conviene à la publica quietud, y servicio de ambas Magestades.

Todos los bienes de Gitanos pressos, y fugitivos se han de embargar, inventariar, y vender con quen-

ta

Real Orden para la prisión de gitanos.
Signatura: A-Caj.158/10. Biblioteca Regional de Madrid.

La Junta de Gitanos[67], creada en 1721 ante el fracaso de las diferentes medidas emprendidas para la erradicación de la población gitana, tras barajar la deportación a las colonias como posible solución, la descartó en base al riesgo de que el gitanismo fuese contagioso y acabara afectando a las poblaciones indígenas. Ello condujo al planteamiento del exterminio por otros medios, como el de la captura de toda la población gitana, hecho que, finalmente, tuvo lugar en 1749.

67. Creada a instancias del rey Felipe v en el seno del Consejo de Castilla, estaba formada por el presidente y otros miembros.

Este es, sin duda, el episodio más aciago de la historia del Pueblo Gitano en España y, por ello mismo, debe ser una bandera de enganche, un acicate, para la acción política y reivindicativa actual y de futuro de nuestro Pueblo, ya que sus consecuencias perduran hasta la actualidad y están en la base del amplio desfase socioeconómico que sufrimos.

La Prisión General es uno de los episodios más oscuros de la historia de España y constituye el culmen de la saña persecutoria antigitana. Es el intento de genocidio más antiguo de la historia universal. Sin embargo, no fue más que una línea de continuidad del proceso de gestión política y legislativa de la cuestión gitana en el territorio español.

No obstante, la Prisión General es, por desgracia, aún un hecho totalmente desconocido por la ciudadanía e ignorado por el poder.

En una sola noche, la del 31 de julio de 1749, fueron arrestadas todas las personas gitanas ¡de todas las edades! por el mero hecho de serlo. Se calcula entre diez y doce mil el número de víctimas (Gómez Alfaro, 1993; Martínez Martínez, 2014).

No ocurrió de manera inesperada, sino que la operación fue diseñada mucho tiempo antes y fue amparada en un procedimiento legal. De hecho, la decisión fue tomada por la más alta instancia legislativa de este país en ese momento, que era el Consejo de Castilla, cuyo gobernador, Gaspar Vázquez de Tablada, obispo de Oviedo, fue, junto con el Marqués de la Ensenada[68], secretario de

68. Zenón de Somodevilla y Bengoechea (1702-1781).

Estado (equivalente a un primer ministro o a un presidente del Gobierno actual), el instigador y promotor de este fracasado genocidio que contó con el pleno apoyo de la Corona, entonces detentada por Fernando VI, noveno abuelo del actual rey. Es decir, todos los poderes del Estado se concitaron para tratar de exterminar a las gitanas y los gitanos.

También la Iglesia católica facilitó la operación gracias a que el papa Benedicto XIV, en 1748, despojó a las personas gitanas españolas del derecho a acogerse a sagrado. Un derecho que ha formado parte de las leyes españolas desde el siglo V hasta 1978.

Las mujeres, con sus hijas e hijos menores de siete años, fueron separadas de los hombres y de los niños mayores de siete años con el propósito declarado del exterminio (Martínez Martínez, 2014). Mientras nuestras antepasadas fueron recluidas en hospitales y casas de misericordia, nuestros antepasados fueron enviados a los arsenales de Marina (Cartagena, La Carraca en Cádiz y La Graña en El Ferrol).

Todas estas personas fueron sometidas a trabajos forzados durante los dieciséis años que duró su cautiverio que terminó cuando el rey Carlos III ordenó el indulto de quienes aún seguían presas y presos en arsenales y casas de misericordia mediante diversas órdenes emitidas a finales del año 1763 (Gómez Alfaro, 2009). Los bienes de las familias gitanas fueron embargados y vendidos para sufragar los gastos ocasionados por su prisión. ¡Habrase visto mayor injusticia! ¡Que las víctimas tengan, encima, que pagar!

No sabemos cuántas personas gitanas murieron a consecuencia de este intento de exterminio, probablemente el genocidio más antiguo de la historia, pero sí sabemos que somos las descendientes de las supervivientes y eso debe reforzar nuestro orgullo de pertenencia y hacernos recordar que ni siquiera el poder omnímodo del Estado pudo acabar con nuestra presencia en el mundo.

Resistencias contra el genocidio

Hasta la fecha no existe ningún estudio exhaustivo sobre la resistencia de nuestro Pueblo durante la Prisión General. No obstante, hay pruebas de que nuestros antepasados y antepasadas llevaron a cabo diferentes actos de resistencia tanto en el momento de la captura como a lo largo del periodo de encarcelamiento.

A continuación describimos una sintética tipología de estos diferentes actos de resistencia que tenían como objetivo la supervivencia física pero también cultural del Pueblo Gitano, que van desde la búsqueda de la inclusión (creación de la primera organización gitana española), pasando por la confrontación (sublevación y huida) hasta la resistencia legal (utilización de las herramientas jurídicas).

En 1753, en plena Prisión General, un grupo de gitanos de Triana (Sevilla) que habían conseguido evitar la cárcel, liderados por Sebastián Miguel de Varas y Miranda, decidieron fundar la primera hermandad de gitanos de España –Hermandad del Señor de la Salud y María Santísima de las Angustias, más conocida como «Los Gitanos»– (Vega de los Reyes, 2025). Aunque se trata de una organización religiosa, la creación de esta hermandad tenía como objetivo mejorar la imagen social del Pueblo Gitano, destacando su verdadera fe y condición de creyentes a través de su participación activa en los actos eclesiásticos. Esta estrategia no consiguió sacar a los gitanos de la cárcel, pero sí ha contribuido a crear la idea de que hay familias gitanas respetables, integradas y que forman parte de la sociedad.

Durante el periodo de captura se produjeron episodios de resistencia armada organizada. Un grupo de trece gitanas y gitanos que huían de las tropas se refugió en el Monasterio de Santa María de la Victoria (El Puerto de Santa María, Cádiz) donde resistieron durante dos semanas. Finalmente, el 12 de agosto de 1749 fueron capturados cuando la autoridad eclesiástica autorizó al ejército a entrar en el monasterio (Martínez Martínez, 2014, 33). Así mismo, en la ermita de San Andrés (el Viso del Marqués, Ciudad Real), durante los primeros días de agosto de 1749, un grupo de más de cuarenta personas gitanas consiguió resistirse a su detención. Para su captura fue necesaria la intervención del ejército y de las justicias del Viso del Marqués y la Calzada de Calatrava (Martínez Martínez, 2014, 40).

Estos dos ejemplos demuestran que nuestras antepasadas y antepasados no estaban dispuestas a ser capturadas pacíficamente y que ofrecieron toda la resistencia que pudieron. Debemos considerar la relevancia de estos actos de resistencia teniendo en cuenta que eran familias (hombres y mujeres de todas las edades) que se enfrentaban a soldados profesionales y armados.

Durante el periodo de encarcelamiento, entre 1752 y 1765, se registraron un total de 335 intentos de fuga, de los cuales el 85 % tuvieron éxito (Martínez Martínez,

2014, 72). A modo de ejemplo, destacamos los siguientes actos de rebeldía:

- En el Arsenal de La Carraca (San Fernando, Cádiz) tuvo lugar un motín el 8 de agosto de 1749 (Martínez Martínez, 2014, 55).
- En el Arsenal de Cartagena se produjo una fuga masiva el 22 de julio de 1750 cuando, tras finalizar las faenas del día, dieciséis presos gitanos destinados a las galeras, liderados por Juan Castellón se rebelaron y huyeron (Martínez Martínez, 2014, 71).
- La noche del 18 al 19 de enero de 1753, tras abrir una brecha en la muralla, 52 gitanas huyeron (Martínez Martínez, 2019, 85) de la Real Casa de Misericordia de Zaragoza[69]. Esta huida masiva fue liderada por Rosa Cortés (Martínez Martínez, 2015, 291).
- A finales de agosto de 1753, cuarenta gitanas se fugaron de la Real Casa de Misericordia de Zaragoza escalando el muro de cuatro metros y medio de altura.
- Otras doce gitanas encarceladas en la Real Casa de Misericordia de Zaragoza organizaron un motín en junio de 1758 (Martínez Martínez, 2019, 87).

La resistencia de nuestras antepasadas y antepasados a estas legislaciones antigitanas quedó recogida de manera patente en la pragmática que Felipe II, con quien el Imperio español alcanzó su apogeo e hizo de España la primera potencia de Europa, firmó en Toledo el 30 de agosto de 1560: «Somos informados que [...] muchos

---

69. La Real Casa de Misericordia de Zaragoza, actual sede de la Diputación General de Aragón, es decir, del Gobierno aragonés, fue la cárcel de más de seiscientas mujeres gitanas.

gitanos y gitanas andan vagando por estos nuestros reinos [...] y por evadirse de las penas en dicha pragmática contenidas andan juntos de tres en tres y cuatro en cuatro, diciendo que andando de aquellas manera no se comprendía contra ellos la dicha pragmática, ni la pena de los azotes y destierro se extendía contra las dichas gitanas». Visto en la perspectiva de los 466 años que nos separan de aquella disposición, nos provoca risa que el más poderoso monarca que haya dado la historia española ¡en cuyos dominios no se ponía el sol! tuviera que reconocer la habilidad de nuestras antepasadas para burlar la ley. ¡Ole esas gitanas, diciéndoles a los corregidores que no las podían azotar porque ellas eran gitanas, mujeres, y que la ley estaba redactada en masculino genérico!

La población gitana española conocía la ley y utilizaba las herramientas legales disponibles para resistirse al trato injusto al que era sometida. La resistencia legal fue de tal intensidad que el 15 de noviembre de 1751 la Cámara de Alcaldes de Madrid[70] ordenó el encarcelamiento de todas las personas gitanas que se dirigieran a la Corte con la petición de liberar a sus familiares (Gómez Alfaro, 2009, 253).

Otro momento importante de acción legal ocurrió en 1753, cuando se cumplieron los cuatro años de la Prisión General. Aunque habían sido encarceladas por su condición étnica, a menudo, eran consideradas vagabundas y mendigas, por lo que se les aplicaba la legisla-

---

70. Institución administrativo-judicial, que formaba parte del Consejo de Castilla y dependía del rey. Administraba justicia y ejercía las funciones de gobierno de la ciudad.

ción vigente contra la vagancia. Intentando beneficiarse de una interpretación análoga de la ley de vagabundos y mendigos que establecía una pena de cuatro años para estos delitos de vagancia varias personas gitanas presentaron una solicitud pidiendo su libertad tras haber estado encarceladas durante cuatro años (Gómez Alfaro, 1993, 97-98).

Una vez más, tenemos que denunciar la falta de una política de apoyo a la investigación y a la divulgación que haga posible sacar a la luz todos estos actos heroicos cuyo conocimiento contribuiría a reforzar nuestro orgullo, a empoderarnos, a modificar la visión que tiene la sociedad de que el Pueblo Gitano ha sido y es un conjunto de gente inane, pasivo, subordinado, sin participación alguna en la definición de nuestro presente y nuestro futuro.

En Rumanía

> Los Romá no hacemos la historia, la sufrimos y la soportamos. Muy a menudo somos víctimas de acontecimientos que nos son completamente ajenos.
>
> TÍO MATÉO MAXIMOFF[71]

Rumanía es un país relevante para la gitanidad. En base al censo del año 2021, se calcula que cuenta con 3,4 % de población romaní (el doble que España, por ejem-

---

71. Matéo Maximoff (1917-1999) fue un escritor gitano francés, pastor de la *Mission Evangelique des Tsiganes* de Francia, activista por los derechos del Pueblo Gitano. En 1986 recibió la medalla de *Chevalier des Arts et des Lettres*. Es el novelista gitano más prolífico.

plo), lo que la convierte en el país con mayor porcentaje de población gitana. Por otro lado, la aportación cultural de la población gitana rumana al conjunto del *Rromipen* es tremenda: la musica *lăutărească* (lautaresca), estilo musical profesional que abarca un amplio repertorio, que combina melodías folclóricas tradicionales con elementos de las músicas urbanas modernas en el cual la ornamentación y la improvisación son características fundamentales. Los lautari (músicos) suelen tocar el violín, el acordeón, el contrabajo, el címbalo, el nai (flauta de pan) y la cobza (especie de laúd) para acompañar las voces que forman el *taraf*[72] (conjunto), que suele actuar en bodas, bautizos, funerales y otros eventos sociales. El origen del manele[73], estilo musical gitano rumano, se remonta a las músicas de la corte otomana que deleitaban a los nobles turcos (boyardos). En la actualidad es una fusión de ritmos y melodías tradicionales gitanas y modernas en la que los sintetizadores cobran el máximo protagonismo convirtiéndolo en una estupenda música de baile. Sus intérpretes más reconocidos[74] viajan a cualquier lugar del mundo para actuar en bodas y otras celebraciones de la diáspora gitana rumana.

En este apartado sobre la historia del Pueblo Gitano en Rumanía nos vamos a centrar en dos terribles sucesos que la han marcado de manera singular.

---

72. Recomendamos que disfruten del Taraf de Haïdouks, el grupo más célebre del género.

73. El manele es similar a otros estilos musicales gitanos de los Balcanes: el chalga de Bulgaria, el turbo-folk de Serbia o el tallava de Albania.

74. Nos gustan especialmente Nicolae Guță y Adrian Minune.

Cuando pensamos en poblaciones esclavizadas, automáticamente nos viene a la mente la población afrodescendiente y, en especial, la afroamericana. La esclavitud de la población romaní es prácticamente desconocida tanto en España como en la propia Rumanía. Sin embargo, sus consecuencias perduran en la actualidad: exclusión social, pobreza, marginación, pésima imagen social de la población gitana rumana, ocultación de la propia identidad para tratar de esquivar el racismo antigitano imperante...

A pesar de que el Parlamento rumano declaró el 20 de febrero como Día Conmemorativo de la Esclavitud Romaní en 2016, no hay en Rumanía ningún plan previsto ni para pedir perdón, ni para preservar la memoria, ni para divulgarla a través de la educación, ni para compensar simbólica y realmente a la población romaní por haber sufrido la esclavitud (Matache y Bhabha, 2016).

Las personas romaníes fueron sometidas a esclavitud en los principados valacos y rumanos (actualmente Rumanía y Moldavia) a partir de la década de 1370, o quizás antes, por tres tipos de esclavistas: la Corona (y posteriormente, el Estado), la Iglesia ortodoxa y la nobleza terrateniente (boyardos). Por ley, las personas esclavizadas pertenecían a sus amos y cualquier persona considerada esclava que fuera encontrada sin amo pasaba a ser propiedad de la Corona.

El origen indio y el color de piel de las personas romaníes permitían distinguirlas como no rumanas ni cristianas y esa distinción étnico-racial fue una de las razones originales para su esclavización (Matache, 2020).

La población gitana esclavizada por el Estado fue emancipada en 1843. Tres años más tarde fueron liberadas las personas esclavizadas por la Iglesia ortodoxa. Y, finalmente, la población esclavizada por los boyardos (1855, Moldavia y 1856, Valaquia). Tras la abolición, las 250.000 personas esclavizadas romaníes que obtuvieron la libertad legal, cerca del 7 % de la población rumana de la época, no recibieron ninguna reparación por el trato inhumano sufrido. En cambio, tras cinco siglos de explotación, los abusadores esclavistas recibieron una compensación económica por liberar a sus esclavos (Matache, 2020) que variaba entre cuatro y ocho monedas de oro por cada una, independientemente de su sexo, en función del oficio de la persona esclavizada (Achim, 2004).

Estas personas fueron liberadas para que se convirtieran en contribuyentes y pagaran sus impuestos.

Una parte importante de aquellas personas que habían sido esclavizadas, al alcanzar su liberación, emigró a lo largo de todo el mundo. También a España. Esta fue la segunda gran migración que ha contribuido a la configuración de las poblaciones gitanas en los diferentes países en los que vivimos.

Deportación

Si la esclavitud singulariza la historia del Pueblo Gitano en Rumanía, la deportación sufrida durante la Segunda Guerra Mundial también es un acontecimiento que ha marcado su pasado reciente.

En 1942, el Gobierno rumano, liderado por el mariscal Ion Antonescu (1882-1946), deportó a 24.617 personas romaníes a Transnistria, territorio soviético entre los ríos Dniéster y Bug, que estuvo bajo ocupación militar rumana entre 1941 y 1944.

Esta deportación fue consecuencia de una política de purificación étnica, la rumanización, que expresaba la adhesión del Gobierno de Antonescu a los principios doctrinales del nacionalismo de extrema derecha rumana surgidos en el siglo XIX. Este proceso de exclusión racista comenzó en tiempos del rey Carlos II de Rumanía. El objetivo declarado era romanizar Rumanía y eliminar del país a las minorías convirtiendo así a la población romaní en un objetivo de esta política racista (Matei, 2022).

No obstante, no se hicieron leyes explícitas contra las personas romaníes. La medida de deportar a las familias romaníes a Transnistria fue tomada personalmente por Ion Antonescu. Sus órdenes antigitanas no se publicaron en el Boletín Oficial ni en ningún otro lugar. Se entregaron verbalmente a los ministros y se transmitieron para su ejecución a la Inspección General de la Gendarmería (Matei, 2022).

Según el censo de 1930, 262.501 personas romaníes (1,5 % de la población total) residían en Rumanía. Era una población mayoritariamente rural, ya que el 84,5 % residía en pueblos. 11.441 fueron clasificadas como nómadas por el Gobierno rumano.

Cualquier persona que ejerciera una ocupación itinerante, trasladándose de una localidad a otra, fue incluida en esta categoría. Fueron deportadas durante una operación que tuvo lugar del 1 de junio al 15 de agosto de 1942. Escoltadas por la Gendarmería tuvieron que viajar a pie o en sus propios carros. Las 13.176 restantes, aun siendo sedentarias, fueron etiquetadas como peligrosas e indeseables. Del 12 al 20 de septiembre se ejecutó su deportación: embarcadas en vagones de carga acoplados a trenes especiales. Familias enteras fueron deportadas y ubicadas en la frontera o en aldeas a lo largo del río Bug.

La mayoría murieron a causa de la violencia y las terribles condiciones de vida: hambre, frío y enfermedades infecciosas, especialmente el tifus, que se propagaron rápidamente por el hacinamiento en casas, barracones y chabolas durante el invierno de 1942-1943 (Achim, 2022).

El Centrul Naţional de Românizare (Centro Nacional de Rumanización), fundado en 1941, en colaboración con la administración local, requisó la mayor parte de las pertenencias de las familias deportadas, obligándolas a llevar consigo únicamente los artículos estrictamente necesarios.

A pesar de la planificación detallada y las órdenes estrictas, los gendarmes y los agentes de policía local que llevaron a cabo las operaciones de deportación cometieron errores y abusos. En algunos casos, se detuvo a familias de soldados o artesanos romaníes, aunque, en principio, estaban exentos de la deportación. Otras personas deportadas provenían de familias mixtas o eran de origen no romaní. En otros casos, los gendarmes aprovecharon la oportunidad para extorsionar a las familias o apropiarse indebidamente de las propiedades.

En el Imperio austrohúngaro

El Imperio austrohúngaro abarcaba una enorme porción del territorio que consideramos Centroeuropa, y también tiene una historia relevante en relación con el Pueblo Gitano. Por un lado, cabe destacar que en estos territorios la csultura romaní floreció de manera notable. Los verbunkos (del alemán *werben,* reclutar, alistar) son una música y danza creada por bandas de música militar, compuestas por músicos gitanos, utilizadas para atraer y animar a los jóvenes a alistarse en los ejércitos imperiales. Están caracterizados por su ritmo enérgico, marcado por la percusión corporal improvisada. El concepto actual de banda de músicos gitanos húngaros, con sus uniformes de inspiración militar, fue creado por la violinista gitana Panna Czinka (1711-1772), que dirigía un conjunto formado por violín, viola, contrabajo y címbalo. Los verbunkos están en el origen de las famosas czardas. Este estilo musical, así como las composiciones de Czinka o de János Bihari[75], influyeron en la música clásica europea (Awosusi, 1996): Bartók, Beethoven, Brahms, Bruch, Debussy, Dvórak, Enesco, Haydn, Jánacek, Joachim, Kurtag, Ligeti, Liszt, Ravel, Sarasate, Schubert... Esta música de origen gitano ha terminado siendo considerada como la esencia de Hungría.

Por otro lado, el Imperio austrohúngaro estaba regido por la dinastía de los Habsburgo, cuya influencia en los demás gobernantes europeos hizo que sus ideas políticas y de gobernanza fueran replicadas en los otros reinos. Como veremos a continuación, los Habsburgo pusieron en marcha una política de integración que desde entonces nos persigue como terrorífica maldición.

---

75. János Bihari (1764-1827) fue un compositor y violinista gitano húngaro. Les recomendamos que disfruten de la música de su descendiente el también violinista Roby Lakatos.

El 1 de octubre de 1689 se publicó en Austria un decreto en virtud del cual todos los gitanos que vagaban por el país, «junto con sus esposas, hijos y demás gentuza», debían ser expulsados. Los hombres sorprendidos en flagrancia y las mujeres encontradas sin sus maridos legítimos debían ser ejecutados inmediatamente a espada y sin juicio previo. Las mujeres debidamente casadas que siguieran a sus maridos, así como los hijos e hijas de hasta dieciocho años que viajaran con sus padres, no debían ser ejecutadas sino encarceladas de por vida y condenadas a trabajos forzados, y sus respectivas criaturas debían ser depositadas en hospicios o entregadas al servicio de familias payas.

Señales de advertencia como la de la siguiente imagen abundaban en los territorios de los Habsburgo. Era imposible cumplir con la prohibición: las familias gitanas, hicieran lo que hicieran, no tenían ningún lugar legal donde residir.

Ante el contumaz fracaso de sus políticas de expulsión, en plena Ilustración[76], diversos líderes europeos, déspotas ilustrados, bajo la influencia de ideales supuestamente humanitarios, así como de la razón de Estado[77] que exigía eficiencia económica y control so-

76. Movimiento intelectual, político, económico y cultural europeo del siglo XVIII que enfatizó el uso de la razón y la ciencia como medios para transformar la sociedad y mejorar la vida humana.

77. Concepto de la ciencia política empleado desde el Renacimiento como justificación para acciones que, aunque puedan contravenir las normas éticas y legales, se consideran necesarias para preservar la continuidad y la supervivencia del Estado.

Lost ihr zügäiner, alchier bleib kheiner, auß demn landt thuet weichen, sonst wird man euch außstreichen / Gitanos, no paren, abandonen el país o serán azotados y expulsados, óleo sobre tabla, 52,2 × 67,5 cm, siglo XVII o XVIII. Utilizado como señal de advertencia. Colección del Museo Universal Joanneum / Folklore Museum de Graz, Austria.

cial, decidieron adoptar un nuevo enfoque para la cuestión romaní (Leoni, 2004): la integración, esa especie de maldición que nos persigue con toda su violencia institucional.

La emperatriz austriaca María Teresa I encarna a la perfección el espíritu de ese moderno estilo de gobernanza, el despotismo ilustrado: modernizó el ejército, mejoró la sanidad, limitó la influencia de la iglesia, sometió los poderes locales al gobierno central, impulsó las ciencias y se convirtió en mecenas de las artes. Fue una de las mujeres más influyentes y poderosas de la historia. Gobernó durante cuarenta años: Austria, Hungría, Croacia, Bélgica, Luxemburgo y regiones de la República Checa (Bohemia y Moravia), Polonia (Galitzia y

Silesia), de Ucrania (Bucovina), de Eslovenia (Carniola y Iliria), de Italia (Lombardía, Venecia, Milán, Parma y Mantua) y de Serbia (Voivodina y Banato). Además fue emperatriz consorte del Sacro Imperio Romano Germánico. María Teresa legó a sus súbditos un Estado convertido en potencia europea de primer orden.

De casta le viene a la galga el antigitanismo: Carlos VI, emperador del Sacro Imperio Romano Germánico, que decretó el exterminio de las familias gitanas en 1689, era su padre.

Entendiendo que el exterminio era imposible, María Teresa adoptó un nuevo enfoque, la integración del Pueblo Gitano, y para ello promulgó cuatro decretos (Leoni, 2004):

1. En 1758, se prohibió a las familias romaníes poseer caballos y carruajes, y se les obligó a asentarse. Esto privó a muchas familias de sus medios de vida y fuentes de ingresos (cría de caballos, artesanía, comercio itinerante). Recibían terrenos y materiales de construcción de los terratenientes, por los cuales debían pagar impuestos. Los terrenos que se les proporcionaban solían estar ubicados en los extremos o en las afueras de los pueblos. Solo podían salir de los pueblos con permiso de la autoridad y con un destino preciso y concreto. El juez local estaba obligado a supervisar constantemente a las personas romaníes y a presentar un informe mensual sobre ellas.
2. En 1761, a las personas gitanas se las obligaba a cambiar su apellido tradicional Zigani, que significa gitano, por otros tales como Neubauer (nuevos agricultores), Neubürger (nuevos ciudadanos), Neusiedler (nuevos colonos) o Neuungar (nuevos húngaros).

Los jóvenes debían aprender un oficio y ser reclutados en el ejército. Sin embargo, ni el ejército ni las fábricas ni los artesanos contrataban a romaníes.

3. 1767: anteriormente, las comunidades y grupos romaníes se autogobernaban, con un voivoda[78] al frente, quien administraba justicia. Este derecho les fue arrebatado quedando bajo jurisdicción local. Además, se ordenó un censo en cada localidad.
4. 1773: se prohibía a las personas romaníes casarse entre sí. Se fomentaban los matrimonios con no romaníes. La sección más cruel de este decreto estipulaba que todas las criaturas mayores de cinco años debían ser separadas de sus familias y entregadas a familias payas para su crianza.

El decreto *De Domiciliatione et Regulatione Zingarorum*[79] (09/10/1783), publicado por su hijo el emperador José II en continuación del legado de María Teresa, vino a reforzar toda esa legislación antigitana prohibiendo las vestimentas tradicionales, hablar romanó o ejercer los oficios tradicionales e incrementando los castigos.

Las leyes no lograron el resultado deseado por los déspotas: los medios financieros para aplicarlas fueron insuficientes; la colaboración de las comunidades locales, escasa; y la resistencia de nuestra gente fue tan potente que la mayoría huyó hacia otros países.

Si bien las regulaciones promulgadas por María Teresa y José II no cumplieron con sus expectativas, sen-

---

78. Término de origen eslavo con el que se designaba al gobernador de un territorio o una fuerza militar.

79. Sobre la Domiciliación y Regulación de los Gitanos.

taron un precedente importante. El uso de la maquinaria estatal, de las instituciones educativas y militares, y el afán de homogeneidad fueron ejemplos del enfoque adoptado por los Estados modernos para abordar la cuestión romaní en otros lugares incluida España: en 1783, tras el fracaso de la Prisión General de gitanas y gitanos promovida por Fernando VII, el rey Carlos III promulgó una pragmática, que la mayoría de gitanólogos considera como el fin de la persecución antigitana sin tener en cuenta que formaba parte de la evolución del Estado moderno. Analizando la lista de prohibiciones, cualquiera diría que es un *copy & paste* de los decretos de María Teresa.

Por supuesto, ni María Teresa ni Carlos III buscaban la felicidad de la población romaní sino su sometimiento, y para ello utilizaron toda la violencia necesaria. Para nuestra desgracia, ni los decretos de la emperatriz ni la pragmática del rey terminaron con la persecución. A partir de entonces, las instituciones estatales (la educación, la policía, el ejército, etc.) incluyeron en sus agendas el objetivo de la integración, de la disolución, de la asimilación... todos ellos, términos equivalentes cuya diferencia es meramente una cuestión de corrección político-lingüística de cada momento histórico.

Este enfoque *integrador* llega hasta el presente en su forma de inclusión. Véase, por ejemplo, la Estrategia Nacional para la Inclusión de la Población Gitana de España, plenamente vigente.

Este enfoque no solo afecta a nuestro país, sino que es una política de la Unión Europea que desde hace años la ha adoptado a pesar de haber constatado su rotundo fracaso y su nulo impacto en la mejora de las condiciones de vida que enfrentan las familias gitanas en cualquiera de sus veintisiete Estados miembros, y ello pese a la diversidad de las condiciones materiales, de la organización política del Estado, de la situación económica, del entorno cultural... El antigitanismo, una vez más, ha triunfado porque le resulta de toda utilidad al Estado.

En Portugal

La población gitana portuguesa está fuertemente ligada con la española: llegaron allí desde España; el calão, la variante romaní portuguesa, está originada en el caló español; y su música, actualmente muy de moda, surge del flamenco y la música gitana española.

Portugal puso en práctica una política de deportación de personas gitanas que ningún otro Estado ha implementado.

Destierro a las colonias

Desde que Gil Vicente representó en Évora, en 1521, su *Auto das Ciganas*[80] ante la corte del rey Dom João III, el Piadoso –que cinco años después inició la persecución antigitana–, la situación de la población gitana en Portugal se ha caracterizado por constantes intentos de exterminio y apropiación de sus bienes, así como, en el

80. Obra teatral más antigua de la literatura tanto española (está escrita en castellano) como portuguesa en la que aparecen, por primera vez, personajes gitanos. En concreto, cuatro gitanas: Martina, Cassandra, Lucrécia y Giralda.

extremo opuesto pero con idéntica violencia, de medidas de sedentarización obligatoria y asimilación cultural (Pereira, 2007). Sus consecuencias perduran en la actualidad: las personas gitanas portuguesas experimentan discriminación frecuente, en comparación con la población general registran una menor tasa de empleo, viven en peores condiciones de vivienda y sufren más enfermedades crónicas (INE, 2024).

Desde 1526 las leyes portuguesas castigaban como delito cualquier forma de expresión de la cultura gitana: el nomadismo, la práctica de la buenaventura, hablar *calaõ*[81], usar el traje gitano... En definitiva, se prohibía que aquellas personas pudieran ser y vivir como gitanas. El delito de ser gitano fue eliminado de las leyes con la entrada en vigor del Código Penal de 1852.

El *degredo*, el destierro o deportación a las colonias como castigo específico para la población gitana, aparece en 1538. Esta legislación pretendió la separación de los hombres y las mujeres, previendo castigos diferentes para unos y otras: el 24 de octubre de 1647 se establece como castigo específico para las mujeres gitanas su destierro a Angola y Cabo Verde de por vida, sin que puedan llevar consigo a sus hijas e hijos (Andrade, 1854). El destino previsto para las gitanas en las colonias era el de «vivir recogidas, ocupándose en los trabajos que las restantes hacían», es decir, la servidumbre en las casas señoriales.

Ni siquiera en el destierro se libraron del antigitanismo: el Ayuntamiento de Luanda (Angola) prohibía a

81. Variante portuguesa del romanó.

las gitanas el uso de chales negros y otras ropas tradicionales por considerarlas indecorosas para las calles luandesas (Pantoja, 2004). Un decreto de 28 de febrero de 1718 ordenó la deportación de los presidiarios gitanos a las colonias portuguesas: India, Angola, Santo Tomé, Cabo Verde y Brasil (Pereira, 2007). En Brasil, actualmente, residen familias gitanas descendientes de aquellas que fueron desterradas de Portugal (Budur, 2015).

El Reino Unido también deportó a personas gitanas a sus dominios coloniales, aunque lo hizo dentro de su política general de destierro aplicado como castigo a convictos de delitos leves. En España se prohibió a las personas gitanas que viajaran a los territorios colonizados[82]. Aún no se ha investigado qué políticas siguieron a este respecto los otros países europeos con imperios coloniales.

En la URSS

La situación actual de la población romaní en los diferentes territorios que ocupó la URSS es muy diferente: va desde la situación privilegiada en Letonia (Rudevičs, 2025), en donde la población romaní tiene reconocidos sus derechos individuales como ciudadanos y ciudadanas y donde nuestra historia y cultura es apoyada y promovida con fondos estatales y de la Unión Europea, hasta la terrible dureza de vivir en guerra en Ucrania y

82. Recopilación de leyes de los reinos de las Indias, libro IX, título XXVI, ley XX. Disponible en: https://archive.org/details/recopilaciondeleo4spai_0/page/n15/mode/2up (23/07/2025).

ser víctimas tanto del antigitanismo fanático de los nacionalistas ucranianos como de los países circundantes que se niegan a acoger a las familias gitanas que huyen de la guerra.

Durante la URSS, hubo dos tendencias políticas destacables en el tratamiento dado a la cuestión romaní. Por un lado, se apoyó y promocionó la cultura gitana, y, por otro, se persiguió a las personas gitanas que el poder consideraba que no se adaptaban a la nueva sociedad soviética. Si bien la vida cultural gitana rusa alcanzó su apogeo en las décadas de 1920 y 1930, a partir de 1938 muchas romaníes fueron sometidas a represión injustificada, tortura y ejecución.

Veamos con algo más de detalle estas dos versiones de la misma historia.

Promoción de la cultura

La Revolución de Octubre de 1917 y la posterior creación de la URSS marcaron el inicio de una nueva era histórica en los territorios del Imperio ruso. Se proclamó la igualdad de los pueblos de Rusia y su derecho a la libre autodeterminación, lo que, evidentemente, determinó la política de apoyo al desarrollo del Pueblo Gitano que, al igual que otros pueblos minoritarios, recibió inicialmente el apoyo del nuevo Gobierno. La política nacional en la década de 1920 y principios de la de 1930 fue bastante progresista: se apoyó al movimiento nacional y se crearon organizaciones para promover la inclusión de estos pueblos minoritarios en la vida pública (Abramenko y Kulaeva, 2013).

En octubre de 1925 se inauguró la primera escuela gitana para cuya apertura fue fundamental el trabajo desarrollado por la pedagoga gitana Nina Alexandrovna Dudarova (San Petersburgo, 1903 - Moscú, 1992) que, además, contribuyó a sentar las bases de la labor educativa romaní en Rusia. Trabajó allí como profesora hasta 1938. En 1926, Nina Dudarova y el escritor Nikolai Pankov[83] crearon el alfabeto romanó cirílico, lo que contribuyó al surgimiento de una lengua literaria romaní.

Otro hito en este proceso de promoción de la cultura gitana fue marcado en noviembre de 1927, cuando se publicó en Moscú el primer número de la revista *Романы Зоря / Romani Zorya* (Amanecer romanó), dirigida por Andrei Stepanovich Taranov[84]. Publicada con motivo del décimo aniversario de la Revolución de Octubre de 1917, está escrita en el alfabeto cirílico-romanó creado por la profesora Nina Dudarova y el escritor Nikolai Pankov. Así mismo, en julio de 1930 empezó a publicarse el periódico *Nevo Drom* (Nuevo camino).

Estas publicaciones abrieron unos nuevos espacios de participación de la naciente intelectualidad romaní y supusieron un horizonte de esperanza que motivó a muchas personas a escribir en romanó. Por otro lado, gracias a estas publicaciones, el público descubrió a Ivan

---

83. Nikolai Pankov (1895-1959) dedicó sus energías principalmente a actividades educativas. Fue autor y coautor de varios libros de texto, editor literario de revistas romaníes y editor de un diccionario romaní-ruso. Además, tradujo al romanó literatura clásica rusa (Pushkin y Leskov) y extranjera (*Carmen* de Mérimée).

84. Presidente de la Unión Panrusa de Gitanos, la primera organización gitana en Rusia (1925-1929).

Khrustalev[85], Ivan Rom-Lebedev[86], Alexander Germano[87], Nikolai Pankov, Olga Pankova[88] y Nina Dudarova.

En 1931 se fundó también el famoso Teatro Ромэн (*Romen*, para los gitanos), que tuvo un papel importante en el desarrollo de la cultura romaní y que aún sigue en activo. La existencia y permanencia en el tiempo de este teatro ha propiciado la creación de un cuerpo de artistas y profesionales (músicos, bailarines, cantantes, actores, directores, dramaturgos, escenógrafos, poetas, técnicos de luces, sonidistas, acomodadores, taquilleros, gestores...), hombres y mujeres, sin equivalente en ningún país. El Teatro Romen se convirtió en el centro de la cultura romaní en la Unión Soviética y sirvió de impulso para el desarrollo de la literatura romaní (Abramenko y Kulaeva, 2013).

El 1 de julio de 1932 se inauguró en Moscú el primer curso de formación de maestros y maestras gitanas, y el 1 de enero de 1936, se puso en marcha el Colegio Pedagógico Gitano de Moscú. Un total de 150 personas gitanas se graduaron de esta escuela técnica y sirvió para capacitar al personal de las escuelas gitanas que se crearon en diferentes lugares de la URSS.

---

85. Ivan Khrustalev (1913-1994) fue un actor, coreógrafo, dramaturgo y poeta.

86. Ivan Rom-Lebedev (1903-1991) fue un actor, dramaturgo, guitarrista, escritor y promotor de la creación del Teatro Romen al que dedicó toda su vida. Muchas de las obras teatrales que escribió se siguen representando.

87. Alexander Germano (1893-1955), considerado el padre de la literatura gitana, es autor de la primera novela escrita en romanó, *Ганка Чамба* (Ganka Chamba), que relata la difícil situación de una sierva romaní, una talentosa cantante que no puede desarrollar su talento debido a la tiranía del terrateniente y finalmente se ve obligada a huir.

88. Olga Pankova (1911-1991) fue una poetisa que dedicó su actividad profesional a luchar contra el analfabetismo de la población romaní rusa.

Primera reunión de la compañía del Teatro Romen.

La creación del ya citado alfabeto cirílico-romanó por parte de la profesora Nina Dudarova y el escritor Nikolai Pankov hizo posible que, hasta el comienzo de la Segunda Guerra Mundial, se publicaran en la URSS un total de 292 libros en romanó.

Por supuesto, muchas de estas publicaciones tenían una orientación ideológica y propagaban el nuevo sistema socialista, que era obligatorio durante este período en Rusia.

En esta etapa, diferentes organismos del Gobierno, así como diversos activistas romaníes, incluso plantearon la creación de una región o república autónoma romaní que nunca llegó a existir más allá de un mero proyecto.

Represión

En la primera etapa de la URSS se crearon 52 granjas colectivas (*Колхоз,* koljós) y cooperativas artesanales

(*Артель,* artels) en las que se sedentarizaron familias nómadas romaníes. Pero, en ocasiones, los fallos de la burocracia soviética (falta de suministros, herramientas, maquinaria o formación específica para su manejo) fueron achacados a la cultura gitana que, en base a los estereotipos dominantes, era considerada no proletaria y, por tanto, no apta para el trabajo organizado, o sea, el antiguo estereotipo del gitano vago e indolente.

El 1 de octubre de 1926, el máximo órgano legislativo del país, el Comité Ejecutivo Central de la URSS, y el Gobierno, el Consejo de Comisarios del Pueblo, adoptaron una resolución sobre medidas para facilitar la transición de las familias gitanas nómadas a un estilo de vida laboral sedentario, cuyo punto principal consistía en concederles prioridad en la asignación de tierras.

La terrible hambruna que sufrió la URSS en los años 1932 y 1933 obligó a muchas familias gitanas a emigrar a las grandes ciudades en busca de una posibilidad de supervivencia. Se les prohibió establecerse en un radio de cien kilómetros de Moscú, Leningrado, las capitales de las repúblicas de la Unión y otras ciudades grandes como Sebastopol y Dnipró.

Esta prohibición motivó operaciones represivas como la que tuvo lugar en Moscú del 28 de junio al 9 de julio de 1933: 1.008 familias, 1.440 hombres, 1.506 mujeres y 2.524 niños y niñas –5.470 personas, en total– fueron detenidas y deportadas a la ciudad de Tomsk, en Siberia. No sabemos cuántas sobrevivieron a las duras condiciones de la deportación ni cuánto tiempo permanecieron allí deportadas.

Por otra parte, entre 1937 y 1938 tuvo lugar el Gran Terror, un período de represión política masiva dirigida por Stalin. Comenzó con el nombramiento de N. I. Yezhov como comisario del pueblo para el Interior y finalizó a finales de 1938 con su destitución. Este período se caracterizó por una crueldad extrema, arrestos y ejecuciones masivas, así como purgas tanto entre la ciudadanía como entre representantes de las estructuras administrativas.

Esta campaña de represión política afectó también a personas gitanas que fueron acusadas de desafección al régimen e, incluso, de constituir grupos terroristas antirrevolucionarios o de ser agitadoras contrarrevolucionarias. A modo de ejemplo de esta represión, en la tabla 1 mostramos algunos casos que hemos podido localizar en la web *Возвращённые имена. Книги памяти России* (Nombres retornados. Libros de la Memoria de Rusia). Eran gitanos de origen rumano, residentes en Moscú, del grupo *Kalderaś,* ninguno pertenecía al partido comunista y todos sufrieron la misma condena a trabajos forzados en el campo correccional de Solovetsky para, finalmente, ser fusilados en diciembre de 1937.

NOMBRE	FECHA Y LUGAR DE NACIMIENTO	OCUPACIÓN E INFORMACIÓN
Mihai Vasily Petrovich, *Le-Mitasco Toma*[89]	1889, Bucarest	Calderero y hojalatero del artel Metkooppromsoyuz
Mihai Derdi Iankovic, *Yutanescu Drilla*	1897, Bucarest	Calderero
Mihai Ivan Georgievich, *Bulasko Balo-Balisho*	1910, Bucarest	Trabajador
Mihai Rista Derdi, *Le Mardyulaco Toma*	1876, Bacau	Analfabeto, trabajador del cobre
Stanesko Ergul Georgievich	Bacau	Trabajador

89. En cursiva, nombre gitano.

NOMBRE	FECHA Y LUGAR DE NACIMIENTO	OCUPACIÓN E INFORMACIÓN
Stanesko Nikolai Latsevich, *Le-Piyadako Ergulo*	1876	Sin ocupación específica
Mihai Drilla Dmítrievich	1894, Furgmani	Analfabeto, calderero, capataz y proveedor en el artel Red Zabaikalets
Toma Ristovich, *Mihai La-Zincaco*	1909, Focsani	Calderero y hojalatero del artel Yugoslavets
Mihai Ivan Dmitrievich, *Lazhunga Lesko*	1899, Focsani	Calderero
Mihai Toma Jankovic, *La-Yankobko Toma*	1891, Focsani	Calderero del artel Red Zabaikalets
Mihai Tomma Nikolaevich, *Le-Balashesco Gogo*	1893	Calderero-hojalatero
Stanesko Nikolai Lacevich, *Le-Piyadako Ergulo*	1876	Nómada, sin ocupación específica
Mihai Vishan Dmitrievich	1903	Calderero
Stanesko Gogo Parfentievich[90], *Trifolo le Mardyulako*	1886	Jefe electo de un campamento gitano en la región de Moscú

Tabla 1. Elaboración propia a partir de la información obtenida en la web *Nombres retornados. Libros de la Memoria de Rusia*. Disponible en: https://visz.nlr.ru/

En 1938, con el fortalecimiento del culto a la personalidad de Stalin y el establecimiento del régimen totalitario, el Gobierno soviético cambió su política respecto a las nacionalidades, por lo que dejó de apoyar las aspiraciones romaníes y clausuró las escuelas, clubes, periódicos y organizaciones gitanas en una política general por la cual se prohibieron las expresiones de libertad y desarrollo de todas las culturas minoritarias de la URSS.

Bajo la dictadura de Stalin, las personas gitanas se convirtieron en blanco de la política represiva general del Estado soviético. Si bien no era una política específicamente antigitana, sí que en su aplicación los estereo-

90. Durante su presidio en el Campo de Solovetsky dirigió un grupo de músicos gitanos virtuosos que actuó en el teatro del campo.

tipos y prejuicios antigitanos jugaron un papel decisivo. La rusificación se convirtió en un principio fundamental, lo que implicaba la exclusión de las lenguas minoritarias de los procesos educativos y culturales. El romanó escrito dejó de utilizarse en las escuelas y la literatura y las publicaciones periódicas dejaron de publicarse. Los cambios en la política lingüística también afectaron a las producciones teatrales. A partir de 1941, el Teatro Romen representó solo obras en ruso.

Al comienzo de la Segunda Guerra Mundial la URSS llevó a cabo deportaciones masivas que afectaron a poblaciones gitanas, aunque no eran medidas dirigidas específicamente a ellas. Cuando Alemania atacó la URSS, iniciando así la llamada por las fuentes rusas Gran Guerra Patria, estas operaciones se incrementaron en número y volumen, lo que, evidentemente, afectó también a la población romaní.

No obstante, la población romaní participó como el resto de la ciudadanía, bien fuera mediante su alistamiento en el ejército como dando apoyo en la retaguardia. Así, durante la Gran Guerra Patria, los actores del Teatro Romen actuaron en hospitales y puntos de movilización, viajaron al frente y actuaron tanto para los soldados como para las poblaciones refugiadas. Incluso representaron sus espectáculos a la Flota del Pacífico y a los trabajadores de Transbaikalia. Es decir, recorrieron el enorme territorio soviético: estrenaron tres producciones sobre la guerra (*Todo sobre ti, A orillas del Dniéster* y *Personajes*), representaron 1.200 funciones, que tuvieron más de un millón de espectadoras y espectadores, y 700 conciertos en cuarteles y buques de guerra. Así mismo, el cielo soviético estuvo protegido

Escena de la obra de teatro *A orillas del río Dniester*, del dramaturgo gitano Ivan Rom Lebedev, estrenada en 1942.

por el bombardero pesado *Romenovets*, construido con fondos recaudados por el Teatro Romen, de manera que Stalin los felicitó y agradeció su contribución a la lucha contra el fascismo.

A pesar de toda esa buena disposición por parte de la élite cultural romaní y de todo su esfuerzo para apoyar a la URSS, el Gobierno seguía desconfiando de la verdadera fidelidad de las personas gitanas hacia la ideología socialista.

Durante la Gran Guerra Patria, miles de familias gitanas fueron deportadas a las regiones orientales de la URSS dentro de la política general de deportación: por Decreto del Presidium del Sóviet Supremo de la URSS del 18 de mayo de 1944, la mayoría de la población romaní de Crimea fue deportada a Siberia, Kazajistán y Asia Central.

Entre 1944 y 1952 miles de personas procedentes de Europa Occidental que tras la Segunda Guerra Mundial habían llegado a Ucrania, Bielorrusia, Moldavia, los países bálticos y Crimea fueron deportadas a Siberia y otras regiones del este de la URSS por ser consideradas «indeseables» por sus posibles conexiones con regímenes hostiles o por representar una amenaza para la URSS. Esta operación afectó a muchas familias romaníes que, aunque eran residentes en esos territorios, no contaban con la documentación apropiada y fueron consideradas extranjeras y, por tanto, sospechosas.

Además de estos casos concretos de represión, el Estado soviético siguió intentando la integración de la población gitana. Así, el 5 de octubre de 1956, se aprobó el decreto del Sóviet Supremo sobre la inclusión de los gitanos vagabundos en el mercado de trabajo:

> Como resultado de las medidas adoptadas por el Estado soviético para emplear a los gitanos nómadas, mejorar sus condiciones de vida y elevar su nivel cultural, la mayoría adoptó un estilo de vida laboral sedentario. Sin embargo, algunos gitanos aún siguen vagando, llevando una vida parasitaria y, a menudo, cometiendo delitos.
>
> Con el fin de incorporar a los gitanos vagabundos a trabajos socialmente útiles, el Presidium del Soviet Supremo de la URSS DECIDE:
>
> 1. Prohibir a los gitanos ejercer la vagancia y ofrecerles la posibilidad de adoptar un estilo de vida laboral y sedentario.
> 2. Obligar a los Consejos de Ministros de las Repúblicas de la Unión a adoptar medidas para el reasentamiento de los gitanos vagabundos en un lugar de residencia permanente, para proporcionarles empleo y servicios culturales y cotidianos.

3. Establecer que los gitanos que hayan alcanzado la mayoría de edad y maliciosamente evadan el trabajo socialmente útil y se dediquen a la vagancia serán castigados por sentencia de tribunal popular con destierro por un período de hasta cinco años en combinación con trabajo correctivo.

La investigación de estos casos deberá ser realizada por la policía de conformidad con los códigos de procedimiento penal vigentes de las repúblicas de la Unión.

Dado que la victoria en la Segunda Guerra Mundial permitió al Gobierno soviético extender su poder e influencia por toda Europa del Este, esta política afectó también a la población gitana residente en esos países. Por citar solo dos ejemplos: Polonia, en 1964, inició una campaña de asentamiento forzoso de las poblaciones gitanas que aún continuaban manteniendo un estilo de vida nómada cuyo resultado fue que la mayoría de las familias abandonaron los carromatos y los viajes por miedo a sufrir represalias; en 1957, el Gobierno de Bulgaria adoptó el Decreto n.º 1216 «Sobre la resolución de la cuestión de la minoría gitana en Bulgaria», un programa de asentamiento que prácticamente prohibía el nomadismo. Del mismo modo, en los países socialistas ha habido una política de apoyo a la cultura gitana similar a la implantada en la URSS, que ha dado como resultado que en esos países haya medios de comunicación (periódicos y emisoras de radio y televisión), teatros, museos y asignaturas universitarias dedicadas a la cultura gitana, el romanó se enseñe en las escuelas y que las artes romaníes (incluida la literatura) tengan un espacio público.

Samudaripen / Porrajmos: exterminio total

> El desafío de la narrativa hegemónica del Holocausto romanó constituye en sí mismo un acto de resistencia.
>
> ANGÉLA KOCZE[91]

Para empezar este apartado queremos advertir que es imposible resumir en tan breve espacio un suceso tan inabarcable como el genocidio de la población gitana durante el nazismo.

Pronunciados *samudaripén* y *porraimós*, los términos que encabezan este apartado se utilizan habitualmente para denominar el genocidio al que fue sometida la población gitana europea durante el régimen nazi (1933-1945). Aunque ambas palabras son equivalentes y se utilizan con parecida frecuencia, nos decantamos por *Samudaripen* que, escrita con inicial mayúscula, se refiere específicamente al genocidio antigitano sufrido en la Segunda Guerra Mundial, pero que si la escribimos en minúscula puede referirse a cualquier otro genocidio[92].

La población romaní y la judía fueron los dos grupos étnicos objetos de genocidio durante el nazismo tanto en Alemania como en los países europeos que formaron el Eje[93], sus socios y los gobiernos colaboracionistas.

---

91. Doctora en Sociología y Antropología Social, catedrática del programa de estudios romaníes y directora académica del programa de preparación de graduados gitanos de la Universidad Central Europea.

92. En romanó, *genocìdo*. Es un préstamo.

93. Alemania, Italia y Japón fueron las potencias fundadoras del Eje, mientras que Hungría, Rumania, Bulgaria, Eslovaquia y Croacia se les unieron posteriormente. Los seis aliados europeos de Alemania participaron en el Holocausto y en el Samudaripen.

El genocidio gitano se inició mucho antes del comienzo de la Segunda Guerra Mundial. En Alemania, como en el resto de los países de Europa Central y Occidental, tal y como hemos contado en los apartados anteriores, el antigitanismo tiene una larga historia que se ha ido plasmando en sus leyes. No obstante, con el ascenso al poder del Partido Nacionalsocialista Obrero Alemán y el nombramiento de Hitler como canciller en 1933, el destino de la población sinti[94] se configuró directamente al exterminio. Así, en 1935, con la promulgación de las leyes de ciudadanía del Reich y para la protección de la sangre y el honor alemanes –las famosas leyes de Núremberg[95]–, se despojó a la población sinti, clasificada como una raza inferior, de la ciudadanía y del derecho al voto. Estas leyes pretendían la conservación de la pureza racial alemana y para ello prohibían los matrimonios entre personas arias y no arias. Los criterios dispuestos en estas leyes para establecer qué personas eran consideradas gitanas eran exactamente dos veces más estrictos que aquellos que definían quiénes eran judías: si uno de los ocho bisabuelos de una persona era gitana o gitano, aunque a su vez fuera mestizo o mestiza, dicha persona era considerada de ascendencia gitana, mientras que se definía como judía a una persona que tuviera, al menos, un/a abuela/o judía/o. Y todo se basaba en criterios meramente sanguíneos, genéticos,

94. Como ya se ha explicado previamente, sinti es el etnónimo utilizado por la población gitana alemana para autodenominarse.

95. Las Leyes de Núremberg, racistas, antisemitas y antigitanas, fueron adoptadas por unanimidad el 15 de septiembre de 1935 durante el séptimo congreso del Partido Nacionalsocialista Obrero Alemán.

sin tener en cuenta la religión ni la práctica cultural o étnica. Por eso, cuando alguien habla de «pureza» en relación con las personas gitanas, nos saltan todas las alarmas, ya que ese tipo de razonamiento está en la base ideológica del racismo más atroz.

Ya en junio de 1938, unos setecientos hombres gitanos, mayoritariamente sinti, fueron enviados a los campos de concentración de Dachau, Buchenwald, Sachsenhausen y Lichtenburg dentro de la llamada *Aktion Arbeitsscheu Reich*[96] (acción contra las personas reacias al trabajo). En esos y otros campos fueron sometidos a trabajos forzados.

En su circular del 8 de diciembre de 1938[97], Heinrich Himmler, *Reichsführer*[98] de las SS[99] y jefe de la Policía alemana en el Ministerio del Interior del Reich, ordenó la regulación de la cuestión gitana y encargó al Instituto de Investigación de Higiene Racial y Biología de la Población de la Oficina de Salud del Reich en Berlín, bajo la dirección del médico e investigador racial Dr. Robert Ritter, la realización del registro y clasificación racial

---

96. Campaña llevada a cabo por la policía criminal entre el 13 y el 18 de junio de 1938 contra individuos clasificados como «asociales». Cualquier persona que «demostrara mediante un comportamiento antisocial, aunque no delictivo, que no deseaba integrarse en la comunidad» era considerada asocial. Se incluía específicamente a vagabundos, mendigos, prostitutas, gitanos, alcohólicos y personas afectadas por enfermedades contagiosas, especialmente de transmisión sexual.

97. Runderlaß zur Bekämpfung der Zigeunerplage, Circular para combatir la plaga gitana.

98. Máximo rango militar.

99. Schutzstaffel (escuadrón de protección) fue una organización paramilitar, policial, política, penitenciaria y de seguridad al servicio de Hitler y del Partido Nacionalsocialista Obrero Alemán.

de las personas gitanas. Recopilaron aproximadamente 24.000 dictámenes periciales que pretendían proporcionar información sobre afiliación racial. En base a esa información se establecieron las siguientes categorías para clasificar a las personas:

1. z *(Zigeuner):* de pura sangre gitana.
2. zm+ *(Zigeuner-Mischling):* mestiza predominantemente gitana.
3. zm *(Zigeuner-Mischling):* mestiza gitana.
4. zm- *(Zigeuner-Mischling):* sangre predominantemente alemana.
5. nz *(Nicht-Zigeuner):* no gitana.

Los investigadores de este centro concluyeron que el 90 % de las personas encuestadas eran de origen mestizo.

El asesinato sistemático de las personas gitanas comenzó en el verano de 1941. Durante el asalto de las tropas nazis contra la URSS, miles de romaníes fueron víctimas de ejecuciones en masa por parte de los *Einsatzgruppen* (grupos operativos) de las SS. Estos comandos de la muerte tenían como tarea principal la matanza de personas judías, gitanas y comisarios políticos. Aunque no hay cifras exactas, se calcula que unas cien mil personas gitanas fueron asesinadas por estos comandos de la muerte tanto en la URSS como en Polonia y otros territorios ocupados de Europa del Este y los Balcanes.

Hasta 2014, se han identificado 113 lugares de exterminio masivo de personas gitanas en Ucrania y 27 en Bielorrusia (Kotljarchuk, 2016). Sin embargo, decenas de fosas comunes aún permanecen sin descubrir o sin identificar y muchas de ellas han sido destruidas o dañadas por obras de construcción y/o explotaciones agrícolas.

Otro componente de la política de extinción de la población gitana fue la esterilización forzada, tanto dentro de los campos de concentración como en hospitales externos. Miles de romaníes, en su mayoría mujeres y niñas, tuvieron que sufrir esta operación, a menudo sin anestesia. Muchas murieron durante la operación.

«La repetida cifra de quinientas mil muertes gitanas durante el Porrajmos se ha convertido en una convención», afirma el Tío Ian Hancock (2013), profesor emérito de la Universidad de Texas. No podemos, por tanto, aceptar esa cifra como un hecho demostrado, ya que la documentación no ha sido bien analizada ni existe una política de promoción de la investigación en torno al *Samudaripen*.

Según el propio profesor Hancock (1987), la cifra de víctimas probablemente asciende al doble o al triple; es decir, estaríamos hablando de que, probablemente, un millón quinientas mil personas gitanas fueron asesinadas durante el *Samudaripen*.

Aún no hay un listado de víctimas gitanas. Solo listas parciales y no en todos los campos de concentración o exterminio. Tampoco hay una voluntad política de promover la investigación que haga posible aflorar las verdaderas dimensiones del *Samudaripen*.

El intento de minorar la cifra de víctimas responde claramente a los objetivos del antigitanismo y sirve para postergar a los *Rroma* actuales, incluidas las víctimas supervivientes, incluso de los actos oficiales de conmemoración del Holocausto. Así mismo, el lugar destinado a la memoria gitana dentro de los museos del Holocausto es mínimo.

España aún no ha reconocido oficialmente que la población romaní fue víctima del genocidio llevado a cabo por los nazis. Se suelen escudar en la neutralidad de España durante la Segunda Guerra Mundial. No obstante, hubo víctimas gitanas de origen español, sobre todo en territorio francés.

En la tabla 2, a modo de ejemplo, se incluyen algunos nombres de personas gitanas españolas o hijas de españolas, nacidas o no en España, y que estuvieron internadas junto con sus respectivas familias en el campo para nómadas de Saliers, el campo de concentración de Argelès-sur-Mer, el campo de internamiento de Rivesaltes, el centro de estancia supervisada de Noé, el campo de Barcarès y/o el campamento de Gurs, creados por el régimen de Vichy[100] para albergar, específicamente o no, a las poblaciones consideradas nómadas. En total, unas 6.500 personas gitanas fueron internadas en treinta campos administrados por Francia (Filhol, 2022).

NOMBRE	LUGAR Y FECHA DE NACIMIENTO	OCUPACIÓN
José «Joseph» Garcia	Hellín, Albacete, 19/01/1907	Cestero[101]
Francisco Campos	Alicante, 29/05/1895	Cestero
Bossa Carlos	Madrid, 1905	Cestera

100. Gobierno colaboracionista francés establecido en parte del territorio francés y en las colonias, bajo el liderazgo del mariscal Philippe Pétain, después de la derrota de Francia ante la Alemania nazi en 1940. Su nombre oficial era Estado Francés.

101. Hemos preferido denominar cestero en lugar de canastero para que se entienda mejor que ese era su oficio.

NOMBRE	LUGAR Y FECHA DE NACIMIENTO	OCUPACIÓN
Jean Joseph Campos	Fabrezan, Aude, Francia, 17/03/1923	Albañil
Paquo «Pascal» Campos	Cuxac, Aude, Francia, 23/08/1921	Obrero
Anita Rodriguez	Campico de los López, Lorca, Murcia, 01/03/1871	Cestera
Fernand Moréno	Campico de los Lopez, Lorca, Murcia, 15/09/1904	Cestero
Marie Santiago	Marsella, Francia, 22/02/1912	Cestera
Marie-Louise Maureno	Montblanc, Hérault, Francia, 18/06/1909	
Fraquita García	Malves-en-Minervois, Aude, Francia, 08/05/1926	
Rosa Anna López	Saint-Leu, Bethioua, Argelia, 09/03/1904	
Ramon Lopès	Tarbes, Altos Pirineos, Francia, 25/01/1903	Cestero
Rosa Constanza Gimenez-Perez	Figueres, Girona, 15/11/1923	Ama de casa
Claramunda Diaz Gimenez	Zaragoza, 1889	Cestera
Rosine Pubill	Espira de l'Agly, Pirineos Orientales, Francia, 01/03/1913	Trapera
José Vignales	Figueres, Girona, 1925	Trapero
Henri Gimenez	Madrid, 14/09/1907	Cestero
José Reyes Castro	28/03/1926	
Pilar Reyes	Boussens, Alto Garona, Francia, 07/09/1915	
Ignacio Gimenez Flores	His, Alto Garona, Francia, 20/05/1926	

Tabla 2. Elaboración propia a partir de los datos obtenidos en la web *Mémorial des Nomades et Forains de France*. Hemos mantenido los nombres tal y como aparecen en dicha web.

Aunque Auschwitz fue el peor de los campos de exterminio, hubo otros: Belzec, Chelmno, Jasenovac, Sobibor, Treblinka, Sachsenhausen, Buchenwald... Hubo personas gitanas prisioneras en todos los campos de concentración, aunque algunos de estos se crearon específicamente para albergar a las personas gitanas: Lety (República Checa), Dubnica nad Vahom (Eslovaquia),

Lackenbach (Austria), Litzmannstadt (Polonia), Montreuil-Bellay, Lannemezan o Saliers (Francia)...

La complejidad del Samudaripen es tal que encontramos situaciones como las que afectaron a las poblaciones romaníes musulmanas en Croacia: el 17 de julio de 1941, una delegación de romá musulmanes bosnios apeló a la organización religiosa islámica de Sarajevo para que intervinieran en su favor contra la aplicación de las leyes raciales. Los líderes religiosos musulmanes bosnios asumieron su causa y establecieron un comité para defender a los romaníes musulmanes. El 30 de agosto de 1941, el Ministerio del Interior de Croacia informó al *Reis-ul-ulema*[102] Fehim Effendi Spaho, jefe de la comunidad religiosa musulmana de Sarajevo, que no se adoptarían medidas contra los romaníes musulmanes y serían tratados como el resto de croatas musulmanes eximiéndolos así de la persecución.

Otro ejemplo de esta complejidad es el caso de Johann Baranyai (1926-2008) de Burgerland, Austria, que en 1941, cuando contaba solo quince años, fue deportado desde su lugar de trabajo al Campo de Gitanos de Lackenbach[103]. Allí, tuvo que realizar trabajos forzados en la construcción de carreteras. En 1943, junto a un amigo, se escapó y cruzó la cercana frontera con Hungría. Sin papeles, regresó en secreto a Austria. Encontró trabajo en la agricultura y más tarde en

---

102. Máximo representante de la ley religiosa musulmana de Bosnia.

103. Lackenbach fue el mayor campo de concentración para personas gitanas en suelo austriaco. Hombres, mujeres, niñas y niños eran obligadas a realizar trabajos forzados en duras condiciones, a consecuencia de los cuales fallecieron 273 personas.

una carnicería. Para evitar ser arrestado, se alistó como voluntario en las unidades de tanques del ejército alemán. Tras la rendición de las tropas alemanas fue hecho prisionero de guerra por los soviéticos. Ante el peligro de ser deportado a Siberia, decidió escapar. Poco después fue recapturado, logró escapar de nuevo y finalmente llegó a su tierra natal. Sus padres habían muerto y su casa había sido destruida. En 1947 conoció a su futura esposa, se casaron y formaron una familia (Roma-Service, 2010).

El *Zigeunerlager* (Campo Gitano), un campo específico para familias gitanas situado en Birkenau, dentro del complejo de Auschwitz, fue creado por un decreto de Himmler en diciembre de 1942. Allí estuvieron cautivos cerca de veintitrés mil gitanas y gitanos de todas las edades. Unos trece mil procedían de Alemania, Austria y otros países controlados por el Tercer Reich o que colaboraban con el mismo. Entre los meses de abril y julio de 1944, unas tres mil quinientas personas gitanas fueron transferidas a otros campos. Algunas de ellas sobrevivieron al suplicio de la persecución, pero el 85 % de las que fueron transportadas originalmente a Auschwitz-Birkenau fueron finalmente exterminadas, según nos cuenta el Tío Andrzej Mirga (2011).

En total, aproximadamente 9.500 niños menores de quince años fueron deportados al *Zigeunerfamilienlager*[104]. Por lo tanto, los niños y las niñas constituyen casi la mitad de todas las víctimas romaníes de Auschwitz. 371 niños y niñas nacieron en el propio campo, de las

104. Campo para familias gitanas en Auschwitz.

cuales 323 murieron, la mitad durante los primeros cuarenta días de vida (Kapralski, 2019).

En los campos de concentración y exterminio, nuestra gente sufrió hambre, frío y enfermedades, y fue sometida a trabajos forzados y a experimentación médica.

Cuando el 27 de enero de 1945 las tropas soviéticas liberaron el campo de exterminio de Auschwitz, no había, entre los siete mil supervivientes, ninguna persona gitana: unos meses antes de la liberación, la noche del 2 de agosto de 1944, las entre cuatro mil doscientas y cuatro mil cuatrocientas personas gitanas de todas las edades que quedaban en el *Zigeunerlager*, que para ese entonces ya habían sufrido todas las atrocidades posibles, fueron asesinadas en las cámaras de gas (Kubica y Setkiewicz, 2018). Por tanto, el 2 de agosto recuerda la mayor matanza antigitana jamás cometida.

Desde 1994, las organizaciones gitanas, sobre todo de Polonia, conmemoran el 2 de agosto como el Día en Memoria del Samudaripén. Esta reivindicación ha sido finalmente asumida por el Parlamento Europeo, que en abril de 2015 aprobó la resolución declarando ese día como Día Europeo en Memoria de las Víctimas del Samudaripén.

Hubo un intento anterior de liquidar el Campo de Familias Gitanas el 16 de mayo de 1944, que recordamos como el Día de la Resistencia, ya que una rebelión de las gitanas y los gitanos impidió que los malditos nazis llevaran a cabo su plan de exterminio aquel día.

En Auschwitz, además de la rebelión del 16 de mayo de 1944, hubo 39 gitanos y dos gitanas que intentaron huir, como, por ejemplo, los siguientes: el 7 de mayo de 1943, Jaromir Daniel (z-1051), Johann Daniel (z-4836),

Anton Holomek (z-1173), Stefan Holomek (z-4808), Stanisław Holomek (z-4809) y Vincenz Vrba (z-4831) lo intentaron. Fracasaron. Fueron capturados y fusilados. El 10 de mayo de 1943, Anton Daniel (112791), Ludwik Daniel (112792) y Wiktor Daniel (112793) intentaron escapar. Ludwik y Wiktor fueron capturados y fusilados. Tras un tiempo, Anton Daniel fue capturado y enviado a la compañía penitenciaria de Auschwitz II-Birkenau. Vincenc Daniel[105] (33804) logró escapar el 27 de mayo de 1942 y regresar a Moravia, su tierra natal, donde rehizo su vida (Ctibor, 1995).

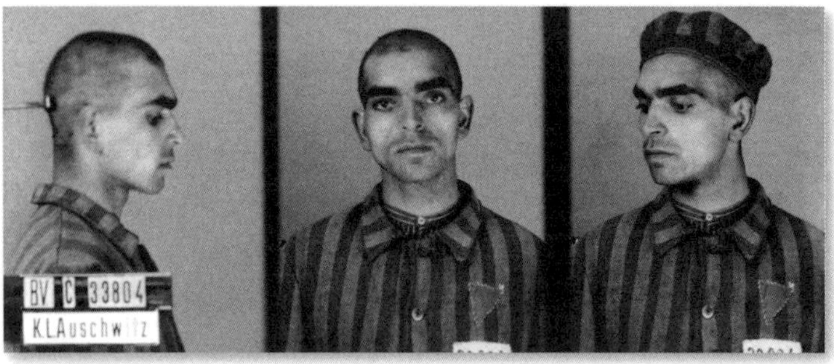

Vincenc Daniel (33804), fotografía de registro como prisionero en el Campo de Exterminio de Auschwitz.

Al término de la guerra, en octubre de 1948, un gran número de personas supervivientes gitanas convencieron al fiscal de Frankfurt para que abriera una investigación sobre las acciones racistas antigitanas del doctor Ritter. Tras dos años, el fiscal cerró la investigación por

105. Žebětín, 15/08/1919 - Brno, República Checa, 15/01/1970.

considerar que no existían pruebas suficientes y por su convencimiento de que los testimonios gitanos eran poco fiables. Así mismo, en 1959, se abrió una investigación sobre las acciones de Eva Justin. Varias personas gitanas la acusaron de haber ordenado esterilizaciones forzosas, muchas de las cuales resultaron en muerte. Tras casi dos años, la investigación se cerró y Justin fue absuelta de los cargos en su contra. El fiscal determinó que las evaluaciones de Justin habían proporcionado una base para la muerte o la esterilización; sin embargo, fue imposible determinar si ella podía saber que estos eran los probables resultados de sus evaluaciones (Benedict et al, 2018). Ni Ritter ni Justin fueron castigados. La mayoría de los crímenes nazis antigitanos quedaron, por tanto, impunes y casi ningún perpetrador fue condenado.

Las personas gitanas supervivientes no fueron bien recibidas en la sociedad de posguerra y tuvieron que enfrentarse a los antiguos prejuicios antigitanos. Regresaron a sus lugares de origen desde los campos o el exilio y se encontraron prácticamente sin nada. Habían perdido a familiares en campos de concentración o exterminio y tuvieron que rehacer su vida, generalmente por su cuenta. Las supervivientes no recibieron apoyo en los municipios, sino que generalmente fueron relegadas a las afueras de las ciudades, donde tuvieron que vivir en refugios o campamentos improvisados. En muchos lugares, estas estructuras temporales se convirtieron en hogares permanentes porque los municipios continuaron marginándolas (Müller-Münch, 2021).

Hasta la década de 1970 no pudo organizarse un movimiento gitano europeo que recabase la atención de la opinión pública. La mayor parte de las personas supervivientes han fallecido sin haber recibido nunca justicia.

Pero las personas gitanas no fueron simplemente víctimas del régimen nazi (Kocze y Szász, 2018). Lucharon y resistieron, tanto individual como colectivamente, durante el *Samudaripen* y sus secuelas para obtener reconocimiento oficial, y también exigieron una compensación emocional e institucional, así como una reparación simbólica.

Lucharon en los movimientos de resistencia y partisanos en Bosnia y Herzegovina, Croacia, Eslovenia, Francia, Hungría, Italia, Lituania, Macedonia del Norte, Moldavia, Montenegro, Noruega, Polonia, Rumania, Serbia, Suecia, Ucrania y URSS (Mirga et al, 2020). Por ejemplo, entre los diez mártires de Vicenza[106] hay un grupo de cuatro sinti, todos ciudadanos italianos, músicos, artistas de circo y operadores de carruseles: Walter Catter (Vampa), Lino Festini (Hércules), Renato Mastini y Silvio Paina.

Las pérdidas, el dolor y la resistencia de las víctimas y supervivientes romaníes del *Samudaripen* y de la Segunda Guerra Mundial aún no se han documentado plenamente, incorporado a la conciencia histórica colectiva ni revelado en los libros de texto de historia ni en los sitios de memoria (Matache, 2022). Siguen ausentes de los libros de texto, de los lugares de recuerdo y, en muchos casos, del reconocimiento institucional que merecen. Sin embargo, su historia, hecha de sufrimiento y

---

106. Jóvenes partisanos fusilados por los alemanes el 11 de noviembre de 1944 en represalia por el ataque sufrido por un convoy alemán.

coraje, sigue reclamando un lugar propio. Recordarla no es solo un acto de justicia pendiente, sino una responsabilidad necesaria para dar voz, al fin, a quienes fueron silenciadas.

¿Cómo estamos? Situación del Pueblo Gitano

> Era un fugitivo de cuantas plagas y catástrofes habían flagelado al género humano. Sobrevivió a la pelagra en Persia, al escorbuto en el archipiélago de Malasia, a la lepra en Alejandría, al beriberi en el Japón, a la peste bubónica en Madagascar, al terremoto de Sicilia y a un naufragio multitudinario en el estrecho de Magallanes [...] Pero a pesar de su inmensa sabiduría y de su ámbito misterioso tenía un peso humano, una condición terrestre que lo mantenía enredado en los minúsculos problemas de la vida cotidiana.
>
> GABRIEL GARCÍA MÁRQUEZ,
> *Cien años de soledad*

COMO DIRÍA EL BUENO DE MELQUIADES[107], aquí estamos.

¡Hemos resistido! Hemos cumplido con el deber de resistir que se nos ha impuesto como un mandato perpetuo, omnímodo, omnipresente y todopoderoso. Pero no, no se confundan, no es ningún dios quien lo ha ordenado. Es tan solo la miserable banalidad del poder humano.

Existimos, persistimos y queremos contar nuestra propia historia. Durante demasiado tiempo han sido otros quienes han contado cómo les fue a ellos la feria,

107. Personaje gitano creado por García Márquez en su novela *Cien años de soledad.*

si tal o cual rey o tal o cual ministro hizo esto o lo otro con nosotras sin siquiera referir nuestra reacción ante el ataque. Decidieron qué podía saberse y qué debía seguir siendo ignorado, oculto en archivos de costoso acceso. Esa caterva de ignorantes sedicentes gitanólogos nunca han tenido en cuenta nuestra capacidad de agencia, nuestra resistencia, nuestras estrategias de adaptación y lucha, y, finalmente, tampoco tienen en consideración nuestra rebeldía. No, ya no nos creemos vuestros cuentos. Lo siguiente será un futuro más gitano y mejor para todas. Ya lo veréis.

Nuestro presente es consecuencia de esas historias que hemos esbozado en los capítulos precedentes. El gitanismo, es decir, la construcción paya en torno a lo gitano y a las personas gitanas que hace posible la existencia del antigitanismo, como ya hemos explicado al principio de este libro, no ha acabado. Continúa a través de los medios de comunicación que siguen perpetuando la idea de que ser gitano es igual a delincuente/traficante/semisalvaje cuando denominan a nuestras familias «clan» y a nuestros mayores «patriarcas» y a cualquier altercado lo califican como «reyerta»; persiste también en forma de bodrios televisivos como los *Gipsy Kings* que ridiculizan a familias gitanas para hacer caja; permanece en la poca originalidad con que autores payos hacen películas o escriben novelas sobre nosotras sin ir más allá de los topicazos y de los clichés...

Todo esto, con ser grave, no es lo más chungo que nos pasa. No. Lo peor de todo es que el poder –ya sea el judicial, el legislativo o el ejecutivo; a nivel europeo, estatal, autonómico o municipal– sigue tratando de integrarnos, pero no como si fuéramos personas adultas a las que se consiente que se emancipen, sino que nos trata como adolescentes a quienes disciplinar y someter para que se conviertan en honrados ciudadanos, obedientes de las leyes y fieles colaboradores del sistema capitalista.

El antigitanismo es estructural e institucional, como ya dijimos en el primer capítulo, y sigue determinando la forma en que se nos nombra, se nos mira y en lo que todavía se desconoce sobre nosotros. Porque hoy, al preguntarnos *cómo estamos*, todavía nos encontramos con demasiadas ausencias y sin datos fiables sobre nuestra realidad más básica.

Vamos a ver si, aunque sea a grandes rasgos, somos capaces de esbozar con datos actualizados cuál es la situación del Pueblo Gitano en España.

Para empezar, nadie sabe cuál es el monto total de la población romaní en ningún país de la Unión Europea (OSF, 2010), tampoco en España (Ministerio de Derechos Sociales, 2021). Con lo cual, cualquier dato sociológico que se dé se convierte en una mera especulación. Igualmente se desconoce incluso cualquiera de los descriptores demográficos convencionales: tasas de natalidad, de mortalidad, de fecundidad, pirámide poblacional, esperanza media de vida, etc. Por descontado, tampoco hay datos sobre el resto de los índices sociológicos: escolarización, alfabetización, desempleo, estratificación social, distribución geográfica... Evidentemente, lo que no se sabe, se ignora. Y este desconocimiento activo está directamente conectado con la falta de voluntad política de asumir como propios los problemas que afectan específicamente a la población gitana. Dicha falta de interés afecta a la situación de, al menos, el 2 % de la población española, y no es casual: está claramente motivada por el antigitanismo.

Los datos que sobre la población gitana se suelen manejar habitualmente se han convertido en tópicos indiscutidos a pesar de su falta de consistencia, ya que todos están obtenidos de estudios muy limitados, tanto en el espacio como en el tiempo, con poquísima potencia explicativa debida al escaso tamaño de las muestras estadísticas en ellos manejadas, y realizados, casi siempre, a instancia de los servicios sociales, con lo que tan solo se refieren a las problemáticas que a dicha institución le interesan.

No obstante lo antedicho, debido al afán divulgador que nos impele, a continuación trataremos de exponer, siquiera con gruesos trazos, el retrato actualizado de la situación social que enfrenta cada día nuestra gente.

Según ha evidenciado el Eurobarómetro especial sobre discriminación, realizado en diciembre de 2023, el antigitanismo es el racismo más extendido socialmente tanto en Europa como en nuestro país, donde el 70 % de las personas entrevistadas consideran que el racismo y la discriminación antigitana están ampliamente extendidos.

Por otro lado, en torno al 25 % de las personas jóvenes españolas entrevistadas en 2022 (Andújar et al, 2022) manifestaron ideas racistas antigitanas y más del 16 % afirmó que preferiría no tener relaciones de ningún tipo con personas gitanas.

La población romaní se encuentra entre las más vulnerables a las violaciones de derechos humanos en la Unión Europea (FRA, 2023). La Agencia de los Derechos Fundamentales de la Unión Europea lo ha demostrado sistemáticamente mediante datos estadísticos sólidos desde 2008. Los resultados de sus encuestas muestran que la situación apenas ha variado y que las políticas de la Unión y los Estados miembros han tenido impactos apenas perceptibles. Es decir, se han gastado unas cantidades importantes de dinero que, básicamente, no han servido para la mejora de la situación social, económica, laboral, sanitaria y/o educativa de la ciudadanía gitana. Las políticas europeas y estatales, todas ellas enmarcadas en el marco estratégico de la Unión Europea para la igualdad, la inclusión y la participación de los gitanos (*EU Roma strategic framework for equality, inclusion and participation*) son, por tanto, un fracaso.

Las encuestas de FRA muestran, por supuesto, el impacto persistente del antigitanismo y los problemas que enfrentamos las personas gitanas en todo el territorio de la Unión Europea para disfrutar de nuestros derechos fundamentales en materia de empleo, educación, atención sanitaria y vivienda.

A nivel europeo, el 25 % de las personas gitanas encuestadas en FRA 2023 –el estudio más completo y reciente con el que contamos– se sintió discriminada por ser gitana en los doce meses anteriores a la realización de la encuesta en al menos uno de los siguientes ámbitos de la vida: la búsqueda de trabajo o en el trabajo; en la educación (ellas mismas o como padres/madres/tutoras); en el uso de servicios de salud; en la adquisición o alquiler de vivienda; en sus relaciones con la administración o con los servicios públicos; o al utilizar otros servicios como restaurantes, bares, discotecas, hoteles, tiendas o transporte. Ningún Estado miembro ha alcanzado el objetivo de reducir esta tasa.

La población gitana europea enfrenta niveles severos de pobreza extrema y una profunda exclusión social: el 80 % de la población romaní europea se encuentra en riesgo de pobreza. Esta tasa[108] se eleva al 98 % en el caso de España, mientras que la tasa de riesgo de pobreza se situó en el 25,8 % para el conjunto de la población española según la Encuesta de Condiciones de Vida del año 2024.

Esto significa que la práctica totalidad de las personas gitanas vivimos en hogares con ingresos equivalentes al 60 % del ingreso medio de nuestro país, o sea que no podemos permitirnos gastos imprevistos; o una semana de vacaciones anuales fuera de casa; o una comida con carne, pollo o pescado cada dos días; o mantener una temperatura adecuada de la vivienda; o renovar o reparar bienes duraderos tales como la lavadora, el televisor, el móvil o el coche.

Prácticamente no hay avances en educación, con más del 70 % de las personas jóvenes (entre dieciocho y veinticuatro años) gitanas que continúan abandonando la escuela prematuramente.

Solo el 27 % de personas jóvenes (entre veinte y veinticuatro años) gitanas ha completado la educación secundaria superior. Tres de cada cuatro jóvenes (71 %) abandonan el sistema educativo prematuramente. No se ha registrado ningún progreso en este sentido en los últimos años a pesar de que la mayor parte de los progra-

108. La tasa de riesgo de pobreza es el porcentaje de población cuyos ingresos son inferiores al 60 % de la mediana de los ingresos por unidad de consumo de los hogares.

mas que desarrollan las oenegés del ámbito gitano están supuestamente destinados a mejorar esta situación.

Más de la mitad de las niñas y niños romaníes de entre seis y quince años (52 %) asisten a escuelas segregadas. La situación de estas escuelas es un claro ejemplo de antigitanismo, ya que en ellas el fracaso escolar es abrumador. Y ello no está causado por las supuestas carencias del alumnado, sino porque son escuelas donde ningún maestro quiere trabajar y donde, por tanto, es imposible mantener un proyecto educativo que motive al alumnado hacia el éxito académico.

No obstante, el dato más preocupante es que una de cada cinco criaturas sufrió acoso o intimidación motivados por el odio racista antigitano cuando estaba en la escuela. Mientras tanto, no existe ninguna política de protección de nuestra infancia.

Otro sorprendente dato procedente de este estudio es que las estimaciones sugieren que las mujeres romaníes viven, en promedio, once años menos que las mujeres de la población general, y los hombres romaníes, 9,1 años menos que los hombres de la población general. En promedio, las mujeres romaníes viven 71,3 años, mientras que los hombres romaníes viven tan solo 67,2 años.

El antigitanismo patriarcal en cifras

El machismo estructural de la sociedad intersecciona con el antigitanismo y se genera un efecto multiplicador que vulnerabiliza en mayor grado a las mujeres gitanas: es lo que llamamos antigitanismo patriarcal (Agüero Fernández, 2019).

Los estudios europeos sobre la discriminación muestran que las mujeres romaníes están especialmente expuestas a la pobreza extrema, la exclusión y la discriminación en el acceso a áreas básicas de la vida como la educación, el empleo o la atención sanitaria debido a la intersección entre antigitanismo y desigualdad de género. Lamentablemente, el más reciente de estos informes (FRA, 2016) tiene ya más de diez años. No obstante, sus datos siguen siendo relevantes:

- El 69 % de las niñas gitanas españolas abandona la escolarización a edad temprana, frente al 20 % de la población general[109]. Este abandono no se produce por propia voluntad o por cuestiones culturales, como habitualmente se nos acusa. En este mismo estudio, el 90 % de las personas entrevistadas, hombres y mujeres gitanos y gitanas, afirman que tanto los chicos como las chicas tienen que acabar sus estudios.
- El 81 % de las jóvenes de entre dieciséis y veinticuatro años gitanas españolas ni estudian ni trabajan fuera de casa. Este porcentaje es del 22 % para las payas.
- Un 36 % de las gitanas españolas se casa antes de cumplir los dieciocho años, y solo el 1,08 % de las payas se casan antes de los dieciocho, siendo la edad media de primonupcialidad en España los treinta y tres años.
- La tasa de empleo de las mujeres gitanas españolas se sitúa en el 16 %; para las payas esta tasa supera el 60 %.

---

109. Los datos referidos a la población general son también de la misma fecha de elaboración del estudio de FRA.

- El desempleo afecta a un 51 % de las gitanas españolas y al 17 % de las payas.
- El 35 % de las gitanas españolas entre dieciséis y sesenta y cuatro años de edad están fuera del mercado laboral y se dedican al cuidado de su familia. Este porcentaje es del 10 % en el caso de las payas. Esto no tiene que ver con la cultura: ese mismo estudio nos informa que el 99 % tanto de hombres como de mujeres está de acuerdo con el reparto equitativo de las responsabilidades en los cuidados del hogar y de las hijas e hijos. El 100 % de las gitanas entrevistadas, además, mostró su acuerdo con la afirmación de que tener un empleo es la mejor vía para ser una persona independiente. Tiene que ver con el antigitanismo, evidentemente.
- El 35 % de las gitanas españolas afirmó haber sentido discriminación en la búsqueda de empleo en los últimos cinco años. El 20 % de ellas dijo que no había denunciado el incidente porque era consciente de que nada ocurriría, el 14 % explicó que no sabía cómo actuar y el 38 % asumió que era lo normal. Solo un 21 % aseguró que era consciente de la existencia de leyes antidiscriminación.
- El 30 % de las gitanas entrevistadas afirmó haber sentido acoso racial en los doce meses anteriores a la entrevista y, afortunadamente, solo un 2 % había experimentado violencia.

Es muy habitual que los payos políticos hagan hermosos discursos en la inauguración o clausura de cualquiera de las pocas ocasiones que tenemos las mujeres gitanas de reunirnos. En ellos, suelen afirmar que las gitanas somos el motor del cambio. Esa afirmación tan sonora y grandilocuente carga sobre nuestras espaldas la responsabilidad de arreglar lo que ellos están obligados y pagados para resolver; nos culpabiliza, en una sutil versión del racismo culturalista que viene a decirnos que nosotras somos culpables de lo que nos pasa porque nuestra cultura nos impide rebelarnos contra el machismo; y nos revictimiza, porque si las gitanas estamos en peor situación que las payas y no se nos apoya mediante una verdadera política de acción positiva, es imposible que seamos motor ni cambio. Bastante hacemos con intentar sacar adelante a nuestras familias, porque esta es la verdadera realidad que enfrentamos cada día: ¿podrán comer hoy mis criaturas? Y mientras no se resuelva esa pregunta, poco cambio y poco motor vamos a poner en marcha.

Antigitanismo institucional

> ¡Ay de los que decretan leyes injustas, y de los escribas que escriben opresión, para apartar del juicio a los pobres, y para despojar de derecho a los afligidos de mi pueblo!
>
> ISAÍAS 10:1-2

En cuanto al antigitanismo institucional, para completar este retrato de brocha gorda, cabe decir que las personas gitanas españolas tenemos reconocida por la Constitución, obviamente, nuestra condición de ciudadanas, aunque no se reconoce explícitamente al Pueblo Gitano. En otros países de nuestro entorno las poblaciones gitanas sí tienen reconocido un estatus de minoría étnica o cultural.

Algunas comunidades autónomas han reconocido de alguna manera en sus estatutos la existencia del Pueblo Gitano. La falta de un reconocimiento legal explícito implica el no reconocimiento de los derechos culturales y sociales colectivos de la ciudadanía gitana y que los símbolos identitarios gitanos (bandera e himno) no tengan protección legal suficiente.

El Consejo de Ministros del 6 de abril de 2018 aprobó reconocer el día 8 de abril como el Día del Pueblo Gitano. Con este acuerdo, se reconoce también el uso de la bandera gitana (azul y verde con una rueda roja de dieciséis radios) y *Gelem, gelem* como himno, con la finalidad de que pueda ser utilizado en actos y eventos institucionales. No obstante, el 8 de abril sigue siendo día laborable, a diferencia de los equivalentes días de las comunidades autónomas, y no se ha dotado ni a nuestro himno ni a nuestra bandera de ningún tipo de protección legal como el que ampara al resto de himnos y banderas del Estado español.

La producción legislativa estatal en la que se menciona a la ciudadanía gitana de manera colectiva está constituida por normas de bajo rango: proposiciones no de ley y reales decretos. La combinación entre el no reconocimiento legal del Pueblo Gitano y el bajo rango normativo que ampara la protección de la cultura gitana incrementa la vulnerabilidad de la ciudadanía gitana, sobre todo en lo tocante a la protección de nuestra imagen pública y al disfrute de nuestros derechos sociales, culturales y políticos colectivos.

Aunque varias comunidades autónomas, instigadas por el movimiento asociativo gitano, celebran desde hace años festividades gitanas, ninguno de estos días es festivo laboral.

Así mismo, el matrimonio gitano no es legal en España, lo que conlleva que las personas gitanas que desean casarse estén obligadas a hacerlo dos veces: una por el rito gitano y otra ante una autoridad civil o religiosa. Además, esta situación resulta perjudicial para el reconocimiento de los derechos de pensión por viudedad e, incluso, conculca otros derechos como los de filiación o los de transmisión y herencia.

España está incumpliendo la Convención sobre los Derechos del Niño[110], un acuerdo internacional que obliga a los Estados firmantes, cuyo artículo 2 dice textualmente: «Los Estados Partes respetarán los derechos enunciados en la presente Convención y asegurarán su aplicación a cada niño sujeto a su jurisdicción, sin distinción alguna, independientemente de la raza, el color, el sexo, el idioma, la religión, la opinión política o de otra índole, el origen nacional, étnico o social, la posición económica, los impedimentos físicos, el nacimiento o cualquier otra condición del niño, de sus padres o de sus representantes legales. 2. Los Estados Partes tomarán todas las medidas apropiadas para garantizar que el niño se vea protegido contra toda forma de discriminación o castigo por causa de la condición, las actividades, las opiniones expresadas o las creencias de sus padres, o sus tutores o de sus familiares». ¿Está tratando España con igualdad a las niñas y niños gitanos? A la luz de los datos ofrecidos en relación a la situación escolar, no parece que la respuesta pueda ser positiva. Evidentemente, tampoco parece que la respuesta pue-

---

110. Disponible en: https://www.ohchr.org/es/instruments-mechanisms/instruments/convention-rights-child (07/12/25).

da ser positiva si tenemos en cuenta que, por ejemplo, en la Cañada Real de Madrid hay casi mil ochocientos niños y niñas sufriendo el corte de suministro de la luz porque las compañías suministradoras consideran que ahí se cultiva marihuana. La Cañada es el ejemplo más terrible, pero hay otro puñado de barrios gueto en los que sucede lo mismo, las compañías suministradoras cortan el suministro eléctrico para castigar a quienes cultivan marihuana y el resultado es el castigo colectivo de todo el barrio que, por supuesto, incluye niñas y niños. Estos son algunos de esos barrios: Font de la Pólvora (Girona), Distrito Norte (Granada), La Troneta (Alberic, Valencia), Villarubia (Carlet, Valencia), Arrayanes (Linares, Jaén), Las Tres Mil Viviendas/Polígono Sur (Sevilla)...

Del mismo modo, España incumple el artículo 4 de la Convención, que afirma que «Los Estados Partes adoptarán todas las medidas administrativas, legislativas y de otra índole para dar efectividad a los derechos reconocidos en la presente Convención. En lo que respecta a los derechos económicos, sociales y culturales, los Estados Partes adoptarán esas medidas hasta el máximo de los recursos de que dispongan y, cuando sea necesario, dentro del marco de la cooperación internacional». No implementa ningún plan específico, suficientemente dotado, para luchar contra el fracaso del sistema escolar con la infancia gitana, no hace nada para que nuestras criaturas puedan aprender romanó y no impide que nuestras familias malvivan en guetos.

Podríamos seguir analizando el incumplimiento de los artículos 8, 24, 27, 28, 29 y 30 de la Convención, pero resultaría tedioso para los propósitos de este libro.

Estas vulneraciones no solo afectan a las condiciones de vida más básicas, sino también al acceso a una educación justa y respetuosa con nuestra identidad. Hasta muy recientemente la historia y la cultura del Pueblo Gitano estaba ausente de los libros de texto escolares españoles (Moreno Herrero et al, 2017). Desde entonces se han puesto en marcha diversas iniciativas tanto públicas como privadas para incluir estos contenidos en el currículum escolar, entre las que debemos destacar la aprobación de la actual Ley de Educación (LOMLOE), cuyo enfoque competencial del currículo posibilita la inclusión de la historia y cultura del Pueblo Gitano en muy diversas situaciones de aprendizaje. Esto ha permitido que se hayan elaborado tanto por parte del Ministerio de Educación como por otras entidades una serie de materiales y unidades didácticas en torno a la historia y cultura del Pueblo Gitano. Lo cual para nada significa que dichos contenidos se estén realmente impartiendo, ya que el profesorado sigue sin tener la preparación necesaria y sigue sin haber la voluntad política para facilitar que esa inclusión se dé. O sea, que nadie espere abrir un libro de texto de historia o conocimiento del medio de los que actualmente utilizan sus hijas o hijos, tanto en primaria como en secundaria, en cualquiera de las diecisiete comunidades autónomas –todas con sus respectivas leyes autonómicas de educación y sus propias consejerías de educación–, y encontrarse con las explicaciones necesarias en torno a la persecución histórica del Pueblo Gitano o a la relevancia de las aportaciones culturales gitanas. No. Nada de nada. Si acaso, alguna actuación voluntariosa por parte de alguna oenegé que de vez en cuando acude a la escuela a «trabajar» estos temas.

A pesar de que España forma parte del Tratado de la Carta Europea de las Lenguas Minoritarias o Regionales no incorporó ni el caló ni el romanó en su protocolo de adhesión, con lo cual ninguna de ambas variantes de nuestra lengua tiene estatus legal reconocido en nuestro país y ni una ni otra se enseña en las escuelas españolas.

El único progreso que ha habido en los últimos años en relación al antigitanismo institucional es la inclusión en el Código Penal de la motivación antigitana[111]. Ahora hace falta que los jueces sean valientes y apliquen la ley.

En cuanto a la memoria histórica del Pueblo Gitano, podemos decir que hasta la fecha ninguna institución a nivel estatal (ni el propio Estado, ni la Corona, ni la Iglesia Católica) ni ninguna institución a nivel autonómico ha reconocido los crímenes cometidos contra el Pueblo Gitano ni ha confesado su responsabilidad.

Tampoco ninguna de estas instituciones ha pedido perdón. Sin petición de perdón y sin reconocimiento ni de los crímenes ni de la responsabilidad, no puede haber restitución ni compensación. La memoria y su conservación, por medio de la creación y mantenimiento de lugares y espacios públicos (memorialización), como de museos, es fundamental.

111. El artículo 501 del Código Penal español establece que se incurrirá en pena de prisión y multa para quienes «públicamente fomenten, promuevan o inciten directa o indirectamente al odio, hostilidad, discriminación o violencia contra un grupo, una parte del mismo o contra una persona determinada por razón de su pertenencia a aquel, por motivos racistas, antisemitas, antigitanos u otros referentes a la ideología, religión o creencias, situación familiar, la pertenencia de sus miembros a una etnia, raza o nación, su origen nacional, su sexo, orientación o identidad sexual, por razones de género, aporofobia, enfermedad o discapacidad».

En la actualidad, nuestras ciudades siguen estando llenas de calles, avenidas, plazas y monumentos dedicados y erigidos en homenaje a casi todos los genocidas antigitanos. Por poner solo dos simbólicos y sintomáticos ejemplos: el espacio más conocido del Palacio de las Cortes, la sala del plenario del Congreso de los Diputados, el famoso «hemiciclo», está presidido por un tapiz de grandes dimensiones con el escudo nacional, flanqueado a su vez por dos esculturas en mármol de Carrara blanco, con las efigies de los Reyes Católicos, autores de la primera ley antigitana publicada en España. Por otro lado, la sede principal del Consejo General del Poder Judicial se halla situada en la calle del Marqués de la Ensenada de Madrid, promotor y ejecutor del intento de exterminio de los gitanos y gitanas de España en 1749. Y peor aún es el olvido: nuestras ciudades están casi vacías de lugares para el recuerdo y la memoria tanto del dolor como del gozo de los gitanos y las gitanas. No hay previsto ningún plan de memorialización de la historia gitana en ningún lugar de España, ni tampoco existe un museo de la historia gitana.

Asociacionismo gitano

En teoría, el asociacionismo gitano debería ser un espacio de autonomía, organización y representación del Pueblo Gitano frente a las instituciones del Estado. Debería servir para canalizar nuestras necesidades, proteger nuestros derechos y fortalecer nuestra voz colectiva. Sin embargo, la realidad es mucho más compleja y, en muchos casos, preocupante.

Muchas de las asociaciones gitanas que se presentan actualmente como interlocutoras válidas ante la administración –sea esta europea, estatal, autonómica, provincial o local– fueron auspiciadas en su origen por las autoridades, ya fuera un concejal de servicios sociales, un diputado provincial, un alcalde, un representante autonómico o de cualquier departamento de la administración general del Estado quien propuso constituir una asociación y encargarse de buscarle subvenciones. Estas vieron en este tipo de socios un ahorro para el presupuesto y una forma fácil de disolver la responsabilidad política: ¿que hay problemas de convivencia vecinal?, organizamos una jornada cultural; ¿que hay un problema de fracaso escolar?, ejecutamos un proyecto de apoyo educativo dirigido a la infancia gitana. Así, enredando la perdiz, han ido gastando pequeñas partidas presupuestarias que no contribuyen en nada a la solución del problema pero sí a perpetuarlo y agravarlo con el transcurso del tiempo, además de generar una desconfianza entre la ciudadanía gitana y las asociaciones.

Todas esas asociaciones sedicentemente gitanas que participan en los igualmente sedicentes órganos de representación y participación –llámense Consejo Estatal del Pueblo Gitano[112], Consejo Regional del Pueblo Gitano[113], Consejo para la Promoción Integral y Participa-

---

112. «Órgano colegiado y consultivo, para formalizar la participación y colaboración de las organizaciones relacionadas con la población gitana en el área de bienestar social», Real Decreto 891/2005.

113. De Castilla-La Mancha, Extremadura.

ción del Pueblo Gitano[114], Consejo Andaluz del Pueblo Gitano[115], Consejo Asesor del pueblo gitano de la Generalitat de Cataluña[116], Consejo Valenciano del Pueblo Gitano[117], Consejo Municipal del Pueblo Gitano[118], Consejo Almeriense del Pueblo Gitano o Mesa de diálogo de la población gitana de la Comunidad de Madrid[119]– están subvencionadas por las mismas instituciones de las que son interlocutoras. Evidentemente, nadie muerde la mano que le da de comer y estas oenegés viven únicamente de las subvenciones sin las cuales no existirían porque ni tienen socios que paguen cuotas para apoyar los proyectos y programas que ejecutan ni estos responden a la búsqueda de soluciones a los problemas que enfrentamos la ciudadanía gitana.

Es un círculo vicioso en el que las oenegés no proponen nada que no vaya a ser subvencionado y donde el aparato gubernamental subvenciona lo que está en consonancia con su propia agenda. De manera que la ciudadanía gitana y nuestros intereses quedamos constantemente fuera de este juego.

Para colmo, estas oenegés suelen estar dirigidas por personas que han sido puestas en el cargo gracias al apoyo que reciben o recibieron de algún representante del poder. Estos dirigentes se eternizan en el cargo en

---

114. De Cantabria, Euskadi.

115. Decreto 253/2021, de 16 de noviembre de la Junta de Andalucía.

116. Decreto 102/2005, de 31 de mayo, de la Generalitat de Cataluña.

117. Decreto 5/2019, de 25 de enero, del Consell de la Generalitat Valenciana.

118. De Sevilla, de Barcelona.

119. Decreto 163/2017, de 29 de diciembre, de la Comunidad de Madrid.

una clara demostración de falta de democracia interna, y aprenden el juego de la política partidista: si gobiernan los míos sigo figurando como presidente, si gobierna el partido opositor ponemos de presidente a mi hijo que es de ese partido.

El Estado, ya sea a nivel estatal, autonómico, provincial o municipal, otorga legitimidad a oenegés como «representantes del Pueblo Gitano», aunque, en realidad, no reflejan la diversidad, ni las prioridades ni las resistencias cotidianas de nuestras comunidades, y nunca han sido elegidas en ningún proceso participativo real para asumir esa representación. De esta manera, el asociacionismo se convierte en un instrumento más del poder, una pieza del entramado del antigitanismo institucional que sirve para normalizar políticas que, en la práctica, perpetúan la exclusión, la vigilancia y la subordinación.

Este fenómeno no es anecdótico. Estas asociaciones institucionales o institucionalizadas suelen priorizar proyectos que cumplen los objetivos del Gobierno, en la actualidad los establecidos en el marco estratégico de la Unión Europea para la igualdad, la inclusión y la participación de los gitanos, que, como sus propios informes de evaluación indican, son un fracaso que no incide en la mejora de la situación socioeconómica ni educativa ni sanitaria de la población gitana española o europea. Es una industria extractiva y de aprovechamiento de la pobreza que favorece el mantenimiento de oenegés y empresas consultoras especializadas en la obtención de subvenciones.

El ya citado marco estratégico de la Unión, en el que están alineadas todas las políticas dirigidas a la población, es un conjunto de programas de inclusión que no cuestiona la pobreza estructural ni el racismo ni el control institucional sobre nuestras vidas, mientras invisibiliza o incluso reprime formas de resistencia histórica que han permitido que el Pueblo Gitano mantenga su cultura y su identidad frente a siglos de persecución.

Así, el asociacionismo gitano ha pasado de ser un posible espacio de empoderamiento a funcionar como interlocutor oficial que legitima el control externo sobre nuestra vida comunitaria, mientras la verdadera fuerza sigue estando en la resistencia diaria y autónoma, en las prácticas culturales, familiares y sociales que el Estado nunca ha logrado erradicar. Esto nos devuelve a la misma lección histórica que hemos repetido a lo largo de este libro: la resistencia autónoma es la única fuerza que asegura nuestra supervivencia y dignidad como Pueblo Gitano.

A modo de conclusión

El Pueblo Gitano ha demostrado desde que en 1499 los Reyes Católicos iniciaron la larga lista de leyes antigitanas su capacidad de resistencia y cómo sus estrategias de adaptación han sido tan exitosas que, a pesar de haber tenido en frente a uno de los Estados más poderosos, seguimos siendo gitanas y gitanos.

Para superar este conflicto entre el Estado español y el Pueblo Gitano, que dura ya 527 años, es necesaria una buena dosis de amor, de cariño, de amistad, de solidaridad y de voluntad política, además de la imprescindible financiación para poner en marcha un plan de pacificación y de desarrollo de la democracia que culmine en la emancipación del Pueblo Gitano y, por consiguiente, en el acceso a la plena igualdad entre la ciudadanía paya y la ciudadanía gitana.

Para nosotras y para la Asociación Pretendemos Gitanizar el Mundo este proceso ha de iniciarse con la convocatoria, auspiciada por el Gobierno estatal, de una Comisión de la Verdad al estilo de las que han existido en Argentina, en El Salvador, en Chile, en Guatemala, en Uruguay, en Perú, en Sudáfrica o en Suecia y que han demostrado ser instrumentos válidos para superar este tipo de conflictos históricos. Esta Comisión de la Verdad debe:

1. Afrontar la impunidad: la imagen de los Reyes Católicos, de Fernando VI, del Marqués de la Ensenada, del Obispo Vázquez de Tablada o del Papa Benedicto XIV deben quedar para siempre estigmatizadas de racismo antigitano.
2. Señalar responsabilidades: las instituciones que han tenido un pasado protagonista en la creación y mantenimiento del antigitanismo (la Corona y la Iglesia Católica, fundamentalmente) y aquellas otras instituciones que se han beneficiado del antigitanismo deben asumir su pasado antigitano y encarar su responsabilidad en el proceso de restitución histórica como instituciones herederas de aquellas que intentaron el genocidio y el epistemicidio antigitano.
3. Romper el ciclo de violencia antigitana: el antigitanismo es sobre todo un tipo de racismo institucional, ejercido por el Estado a través de las leyes, el sistema educativo, las fuerzas de seguridad, etc.

4. Proveer un espacio para el diálogo libre y seguro que permita obtener una imagen clara del pasado que facilite una sanación y reconciliación auténticas.

Esta Comisión de la Verdad debe estar compuesta por personas gitanas expertas nombradas en base a sus conocimientos y no a su pertenencia asociativa o partidaria y por representantes del Gobierno que aseguren el cumplimiento de las propuestas elaboradas en la comisión que, finalmente, deberán ser refrendadas por la población gitana mediante un proceso participativo amplio, libre y democrático.

Breve guía para personas que quieren ser aliadas en la lucha contra el antigitanismo

NUESTRA RUTINA MATINAL es bastante común y corriente: nos levantamos, preparamos el desayuno, ayudamos a nuestra hija pequeña a prepararse para ir al cole, la acompañamos hasta la puerta de entrada del centro, saludamos a las madres, regresamos a casa, ponemos en marcha los ordenadores y abrimos el correo...

Común y corriente hasta aquí. Al abrir el correo solemos encontrar solicitudes de payos, sobre todo, y payas de todo tipo. Lo habitual es que pretendan algo de nosotras sin ofrecernos mayor recompensa que visibilizar nuestra lucha o darnos voz. Cada vez intentamos considerar cada caso individualmente, sin caer en generalizaciones y esas cosas.

Ser aliada no consiste en que nosotras pongamos nuestros conocimientos y experiencias a tu servicio sin recibir la justa retribución. Son muchos años de investigación, de formación, de aprendizaje como para ir regalándolos por ahí sin saber muy bien a quién o a qué contribuye nuestra aportación o, peor aún, a sabiendas de que es un desperdicio emplear nuestro tiempo en engordarle el currículum a cualquiera o añadirle colorido a la foto que un señor, sobre todo, se quiere montar.

Por eso, aquí, *gratis et amore*, os ofrecemos la oportunidad de aprender de forma sencilla qué debéis hacer para ser una aliada y qué no hacer para ser un extractivista. Para ponéroslo más fácil, iremos oficio por oficio de entre los que más habitualmente nos contactan, especificando qué debes hacer si perteneces a ese gremio, y, al final, daremos unas breves recomendaciones que valen para todo el mundo.

Si eres periodista –da igual si trabajas en un periódico, una radio, una televisión, una web o un canal de YouTube, estas indicaciones, *mutatis mutandis*, te sirven igualmente– y quieres visibilizar nuestra lucha no te conformes con hacernos una entrevista y exponernos más aún. No, proponnos que escribamos un artículo o, mejor, un reportaje remunerado, por supuesto. Es más, estaría muy bien que convencieras a tus superiores de que sería genial que contrataran a periodistas gitanas que trataran todo tipo de temas. No obstante, como sabemos lo difícil que puede resultar esta tarea, mientras tanto, pueden considerar la posibilidad de disponer de expertas gitanas debidamente remuneradas para tratar los temas relacionados con la gitanidad (incluido el flamenco). Ahí sí que te ayudamos gratis a buscar gente. ¡Tenemos montones de primas superpreparadas y con ganas de comerse el mundo!

Otras cosas que puedes hacer para contribuir a la lucha contra el antigitanismo: escribe siempre Pueblo Gitano en mayúsculas; no uses en la misma pieza «gitana/e/o» y «reyerta», «clan», «tribu», «patriarca», «campamento», «poblado»...; intenta introducir la cuestión gitana en todos los ámbitos: si hablas de la actual crisis de vivienda, recuerda que la población gitana de forma mayoritaria reside en barrios guetizados; si hablas del racismo, no te olvides mencionar que somos la gente más racismeada; si hablas de la violencia policial, recuerda a Miguel Ángel Fernández[120], a Pedro Antonio Calahorra Hernández[121], a Manuel Fernández Jiménez[122], a Eleazar García Hernández[123], a Daniel Jiménez Jiménez[124]..., todos ellos, muertos a consecuencia de la violencia policial y que no han recibido justicia.

---

120. Tenía treinta y tres años, falleció en los calabozos de la Inspección Central de Guardia de la Policía Nacional (Ranillas, Zaragoza) el 6 de abril de 2016. El juez sobreseyó la causa un año después, por entender que no había indicios de delito. Más información en: https://arainfo.org/un-ano-sin-justicia-para-miguel-angel-fernandez/ (08/12/25).

121. Con veintiún años de edad, el 28 de mayo de 2019, apareció muerto en una celda de aislamiento de la cárcel de Zuera (Zaragoza). Más información en: https://www.heraldo.es/noticias/aragon/zaragoza/2019/07/01/manifestacion-preso-aislamiento-zuera-suicidio-1323085.html (08/12/2025).

122. Tenía veintiocho años y estaba preso en la cárcel de Albocàsser (Castellón III). Fue hallado muerto en una celda de aislamiento el 22 de octubre de 2017. Más información en: https://www.elperiodic.com/pcastellon/comienza-juicio-muerte-recluso-albocasser-acusacion-apunta-error-medico-mortal_969022 (08/12/25).

123. Tenía treinta años de edad y discapacidad cerebral grave. Fue detenido y golpeado por varios vigilantes de seguridad del estadio y por agentes de policía local a las puertas del estadio de fútbol El Molinón de Gijón, al que acudió para ver el partido de la selección nacional de España contra la de las Islas Feroe, el 8 de septiembre de 2019. Pocos minutos después de la detención, falleció de un ataque cardíaco. El caso ha sido archivado por falta de indicios de delito. Más información en: https://www.lne.es/gijon/2024/06/07/juzgado-vuelve-archivar-caso-eleazar-103474550.html (08/12/25).

124. De treinta y nueve años, falleció el 1 de junio de 2020 en la comisaría de la Policía Nacional de Algeciras. Más información en: https://www.europasur.es/algeciras/juristas-gitanos-imputacion-policias-daniel-jimenez-muerte_0_2002633662.html (08/12/25).

Por supuesto, ayúdanos en la difusión de nuestro trabajo cuando saquemos un nuevo libro o representemos una nueva obra de teatro o convoquemos una concentración... Haznos la misma publicidad que hacéis con artistas payos. A nosotras y a nuestras primas, ya sean escritoras, cantaoras, pintoras... o activistas que convocan una manifestación o cualquier otro evento necesitado de apoyo publicitario.

Si trabajas en el sector educativo, sanitario o de servicios sociales (incluidos los departamentos de igualdad) y quieres contribuir a la lucha contra el antigitanismo, no nos propongas que participemos en un programa de mediación intercultural ni en ninguna otra cosa similar que consista en revictimizar a las personas gitanas por el fracaso del sistema educativo, sanitario o de servicios sociales. No. Proponnos que organicemos una formación contra el antigitanismo del personal docente y no docente, sanitario, de los servicios sociales o que montemos un mecanismo eficaz de denuncia de las conductas antigitanas en esos ámbitos. Todo ello, dotado con un presupuesto económico suficiente.

También puedes convencer a tus superiores de que incluyan en las plantillas a profesionales gitanas. Por fortuna, tenemos montones de primas preparadas y dispuestas.

Si eres docente de primaria o secundaria (incluidas las orientadoras) y sientes que tienes que hacer algo para mejorar el desempeño del alumnado gitano o para reducir la tasa de absentismo o de fracaso escolar, no nos vengas con que te gustaría que el 8 de abril vayamos a tu colegio o instituto a dar una charla. No. El 8 de abril es el Día del Pueblo Gitano y no trabajamos ese día. Además, ni ese ni ningún otro día servirá de nada darles la chapa a las criaturas. Dar una charla solo sirve para que te hagas una foto. Proponnos un plan de lucha contra el antigitanismo adaptado a las condiciones de tu centro que esté bien dotado económicamente y que cuente con el visto bueno y el pleno apoyo del equipo directivo, de la inspección, de la delegación de educación, de la consejería... de manera que sea posible hacer cambios estructurales, que tengan consecuencias reales en el bienestar de las criaturas y de su futuro.

Si lo que deseas es incluir la historia y la cultura gitana en tus clases, puedes currártelo por tu cuenta o, mejor, podemos organizar un curso de formación dirigido al profesorado y, eso sí, encárgate de obtener la necesaria financiación y liberación de horas para poder hacerlo correctamente. Si, además, consigues que desde consejería os reconozcan esta formación como parte de vuestro desarrollo profesional docente, pues ¡miel sobre hojuelas!

También puedes hacer el esfuerzo de intentar conocer a tu alumnado y, en base a ese conocimiento, generar una estrategia didáctica y pedagógica que contribuya a mejorar su interés. Forma parte de tu responsabilidad profesional. Puedes pedirnos orientación, claro, pero ya te anticipamos que lo mejor es hablar con ellas desde el respeto y el cariño.

Si eres profesor de universidad y consideras que la ausencia de conocimientos sobre el Pueblo Gitano perjudicará el desempeño profesional futuro de tus estudiantes, cualquiera que sea el grado que impartes, no nos invites a dar una conferencia. Mejor promueve que en esa prestigiosa institución haya un departamento de estudios romaníes formado por personas gitanas. Insistimos, tenemos cientos de primas graduadas, doctoras, doctorandas, que estarán encantadas de participar. Eso sí, no vayas a hacer lo que han hecho otras prestigiosas instituciones académicas: crear un grupo de investigación/seminario/cátedra en relación con cuestiones gitanas dirigido por una persona paya.

Si eres concejal de servicios sociales, salud, educación, cultura o igualdad y crees que en tu pueblo o ciudad hay problemas de convivencia entre personas payas y gitanas y se te ocurre que haciendo unos talleres dirigidos a las mujeres o algo así se van a solucionar, estarás confundiendo el diagnóstico y, por tanto, equivocando el tratamiento necesario. Para ayudarte a superar tus problemas podríamos llevar a cabo un proceso de consultoría que incluyera un diagnóstico realizado por tus vecinas gitanas y el compromiso del consistorio de llevar a cabo las medidas que la ciudadanía proponga como soluciones y alternativas.

Si trabajas en un ministerio o una consejería y, para cumplir con tus obligaciones respecto a la ciudadanía gitana, necesitas un informe, no nos pidas que participemos en tal o cual estudio como informante ni siquiera como informante clave. No, por favor. Ofrécenos que seamos nosotras quienes dirijamos el informe y lo elaboremos siguiendo la metodología apropiada.

También puedes ir considerando invertir parte del erario público para corregir las injusticias históricas y las desigualdades actuales por medio de planes de empleo para personas gitanas, planes de becas para estudiantes gitanas, planes de financiación de la investigación y la difusión de nuestra cultura, planes de museificación y memorialización, planes de enseñanza del romanó.... Todo ello, contratando, por supuesto, personal cualificado y gitano.

Si eres estudiante de universidad y quieres poner tu granito de arena en la lucha contra el antigitanismo, no hagas tu TFG ni tu TFM ni tu tesis sobre estas cuestiones. Haz toda la presión posible para que en tu universidad haya actividades académicas relacionadas con los estudios romaníes impartidas por personas gitanas. Si tus profesores no conocen a nadie, te pasaremos la lista de nuestras primas suficientemente preparadas.

Por cierto, si te empeñas en hacer el dichoso TFG o TFM centrado en algún tema relacionado con el Pueblo Gitano, cuestiona todo lo que hayan afirmado payos sesudos y busca siempre fuentes gitanas, a ser posible no institucionales o institucionalizadas.

Si eres productor de cine, novelista, escritor..., y crees que estaría bien contar con una mirada gitana para mejorar tu trabajo, será genial poder colaborar contigo por medio de un proceso de consultoría.

También puedes utilizar tu red de contactos (privilegio blanco) para que nuestro próximo libro, obra de teatro o exposición tengan una editorial, productora o marchante amable, que nos trate con cariño a nosotras y a nuestro trabajo. Te recuerdo que tengo montones de primas que buscan espacios donde acojan sus respectivas obras artísticas.

Recomendaciones para todo el mundo

Si eres una persona sensible, solidaria, consciente, y crees que debes contribuir a combatir el antigitanismo, compra en el mercadillo en los puestos de las familias gitanas (también al que va con su furgoneta interrumpiendo tu siesta veraniega); escucha música de intérpretes gitanas; apoya a las artistas gitanas en sus funciones teatrales, sus actuaciones musicales, sus interpretaciones en cine...; compra libros escritos por gitanas; no consientas que haya antigitanadas –por muy graciosas que te parezcan: los chistes deben hacernos reír a todas, no solo a quienes están en una posición privilegiada– en tu entorno; no votes a partidos racistas; vota a partidos que incluyan en sus programas la lucha contra el antigitanismo; no veas bodrios televisivos antigitanos (Ni *Gypsy Kings* ni Ana Rosa y compinches); ten amigas o amantes gitanas; y no te creas nada de lo que te cuenten los racistas.

En nuestros talleres contra el antigitanismo, solemos recomendar la aplicación de la mirada crítica: cualquier cosa que vayas a hacer, plantéate si la harías igual si no fuera en relación con personas gitanas, y mantente alerta cuestionándote si ese planteamiento o esa actividad es inclusiva y respetuosa para las personas gitanas.

Por cierto, si has llegado hasta aquí, lo estás haciendo bien. Gracias.

Glosario

Antigitanismo: forma específica de racismo que sufre la población gitana. Es una ideología basada en la superioridad racial. Una forma de racismo institucional alimentado por una discriminación histórica, particularmente persistente, violento, recurrente y banalizado. Es la causa principal de las desigualdades que padece la población gitana (ECRI 13). El antigitanismo también se dirige las personas *travellers, voyageurs, yenish,* mercheras y pertenecientes a otros grupos sociales estigmatizados y considerados como gitanos

Calí/ó: 1. En España, históricamente, hemos preferido el uso de este etnónimo autónimo (nombre de la comunidad que procede del propio acervo lingüístico romanó). 2. Variante dialectal española del romanó.

Endaj: en romanó, familia extensa. Se pronuncia [endai].

Gachó/í/é (del romanó *gaʒo/i/e*) / **Payo/a**: persona no gitana. Son palabras neutras tal y como señala el Consejo de Europa en su *Glosario Descriptivo de términos relativos a los temas romaníes* (*Descriptive Glossary of terms relating to Roma issues*). Por otro lado, paya/o deriva del romanó *parno,* blanco, y surge por la oposición con *kalo,* negro.

Gitana/o: este etnónimo es un exónimo, es decir, una denominación impuesta desde fuera de la propia comunidad. En España lo hemos resignificado y las personas gitanas lo usamos con orgullo.

Gitanería: fem. Barrio habitado principalmente por familias gitanas que han elegido residir ahí y en donde se ha ido creando una particular cultura.

Gitanidad / Rromipén: 1. Cualidad o carácter de lo que es genuinamente gitano. 2. Conjunto de los diversos grupos gitanos. 3. Historia y cultura gitanas.

Romaní/o: adjetivo equivalente a *gitana/o.*

Romanó: idioma de las gitanas y los gitanos. Forma parte de la familia lingüística indoirania, también conocida como neosánscrita. Es la única lengua de esta familia que se habla en Europa desde la Edad Media. Es la más extendida geográficamente de su familia. Se habla de modo natural en todos los países de la Unión Europea. También en América, algunos países del norte de África, en Australia, en Turquía... es la lengua minoritaria con mayor número de hablantes de Europa.

Rrom: sustantivo masculino equivalente a *gitano.* Lo escribimos con doble *r* inicial por respeto a la ortografía romaní. El plural es *Rroma.*

Rromni: sustantivo femenino equivalente a *gitana.* Lo escribimos con doble *r* inicial por respeto a la ortografía romaní. El plural es *Rromnă* [romniá].

Samudaripen / Porrajmos: [pronunciados *samudaripén* y *porraymós*] son dos términos que se utilizan habitualmente para denominar el genocidio al que fue sometida la población gitana europea durante el régimen nazi (1933-1945). Según la Unión Romaní Internacional, Samudaripen es la palabra adecuada para nombrar este genocidio.

Sinti: históricamente, la población gitana de Alemania e Italia ha preferido el uso de este etnónimo autónimo. Después del Samudaripen, las organizaciones romaníes alemanas han promovido el uso exclusivo de *sinti* frente a *zigeuner*. En la actualidad, para incluir a toda la población gitana residente en Alemania se utiliza la expresión *Sinti und Roma* (sinti y romá).

Tía, Tío: utilizamos estas palabras como tratamiento de respeto.

Referencias

Abramenko, Olga y Kulaeva, Stefania (2013): *История и культура цыган: Пособие для дополнительных и внеклассных занятий* [Historia y cultura de los romaníes: Manual para actividades adicionales y extracurriculares]. San Petersburgo: АДЦ «Мемориал».

Achim, Viorel (2004): *The Roma in Romanian History*. Budapest: Central European University Press.

—— (2022): «The return of Roma deportees from Transnistria in post-war Romania». En Celia Donert y Eve Rosenhaft (Ed.): *The Legacies of the Romani Genocide in Europe since 1945*. Nueva York: Routledge.

Agüero Fernández, Silvia (2019): «Desde el feminismo gitano». En VV. AA. *Feminismos. Miradas desde la diversidad.* Oberon: Madrid.

Agüero Fernández, Silvia y Jiménez González, Nicolás (2024): *¿Anarquismo gitano?* Madrid: Catarata.

Andrade e Silva, Jose Justino (1854): *Collecção Chronologica da Legislação Portugueza.* Lisboa: Imprensa J. J. A. Silva.

Andújar Llosa, Andrea et al (2022): *Jóvenes y racismo. Estudio sobre las percepciones y actitudes racistas y xenófobas entre la población joven de España*. Madrid: Centro Reina Sofía sobre Adolescencia y Juventud, Fundación Fad Juventud.

Awosusi, Anita (1996): *Die Musik der Sinti und Roma: Die ungarische «Zigeunermusik»*. Heidelberg, Alemania: Dokumentations- und Kulturzentrum Deutscher Sinti und Roma.

Benedict, Susan et al (2018): «A nurse working for the Third Reich: Eva Justin», RN, PhD. *Journal of medical biography*, 26(4): 259-267.

Budur, Diana (2015): *Gypsy Myths and Romani Cosmologies in the New World: Roma and Calons in Brazil*. [Tesis de doctorado]. Princeton University.

Carmona, Sarah (2024): «New Perspectives on the Genesis of Gypsy History». *Quaderns de la Mediterrània,* 36: 119-125.

Center For Advanced Holocaust Studies, ed. (2002): *Roma and Sinti Under-Studied Victims of Nazism. Symposium Proceedings*. Washington DC: United States Holocaust Memorial Museum.

Consejo de Europa (2011): «Roma history factsheets». Disponible en: https://www.coe.int/en/web/roma-and-travellers/roma-history-factsheets (03/10/2025).

Courthiade, Marcel (2018): «Knowledge based on sources and historical data versus knowledge based on cliches and legends in the Indian stage of Rromani history-Deconstructing common place legends en Kumar, Narayan». *Roma: In search of Identity*. New Delhi: Indian Council for International Co-Operation.

Đurić, Rajko (2008): *Историја холокауста Рома* [Historia del Holocausto romanó]. Belgrado: Политика ад.

—— (2021): *Romology*. Belgrado: Social Inclusion and Poverty Reduction Unit of the Government of the Republic of Serbia.

Filigrana, Pastori (2020): *El pueblo gitano contra el sistema-mundo. Reflexiones desde una militancia feminista y anticapitalista*. Madrid: Akal.

Filhol, Emmanuel (2022): «Le sort des Tsiganes en France (1940-1946). Une histoire-mémoire occultée». *Témoigner. Entre histoire et mémoire*, 134: 109-118.

Fonseca, Isabel (1997): *Enterradme de pie: el camino de los Gitanos*. Barcelona: Ediciones Península.

FRA, Agencia de los Derechos Fundamentales de la Unión Europea (2016): *Discrimination against and living conditions of Roma women in 11 EU Member States*. Luxembourg: Publications Office of the European Union.

—— (2023). *Encuesta sobre la Población Gitana 2021 - Población Gitana en 10 Países Europeos*. Viena: Publications Office of the European Union.

Fraser, Angus (2005): *Los gitanos*. Barcelona: Ariel.

Fromm, Erich (1966): *El corazón del hombre*. México DF: Fondo de Cultura Económica.

García Añón, José (2024): «Discriminación y experiencias en la identificación policial por perfil étnico: la evolución en España diez años después». *Cuadernos Electrónicos De Filosofía Del Derecho*, 52: 55-83.

García Sanz, Carolina (2019): «Presuntos culpables: un estudio de casos sobre el estigma racial del "gitano" en juzgados franquistas de vagos y maleantes». *Historia Social*, 93, 145-165.

Gärtner-Horvath, Emmerich (2010): *Mri historija. Lebensgeschichten burgenländischer Roma. Dann haben schon die Züge gewartet*. Viena: Roma-Service.

Gómez Alfaro, Antonio (1991): «La reducción de los niños gitanos». *Historia de la educación: Revista interuniversitaria*, 10: 187-202.

—— (1993): *La Gran Redada de Gitanos*. Madrid: Presencia Gitana.

—— (2009): *Legislación histórica española dedicada a los gitanos*. Sevilla: Junta de Andalucía.

Gómez Baos, Ana Dalila (2021): «Entre la tradición y la modernidad. La Kris Rromani, el sistema normativo del Pueblo Rrom». *Pretendemos Gitanizar el Mundo. Pensamiento Crítico Gitano, Feminista y Antirracista*, 1: 11-17.

González Ollé, Fernando (2009): «Actitudes lingüísticas de los Reyes de Aragón». En Lagüéns Gracia, Vicente (Coord.): *Baxar para subir: colectánea de estudios en memoria de Tomás Buesa Oliver*. Zaragoza: Institución Fernando el Católico.

Hancock, Ian (1987): *The Pariah Syndrome: An Account of Gypsy Slavery and Persecution*. Ann Arbor: Karoma Publishers.

—— (2002): *We are de Romani People: Ame sam e Romane Džene*. Hatfield: The University Hertfordshire Press.

—— (2006): «On Romani origins and identity: questions for discusión». En Marsh, Adrian y Strand, Elin (Ed.): *Gypsies and the Problem of Identities: Contextual, Constructed and Contested*. Londres: I. B. Tauris.

—— (2013): «Las cifras del Holocausto Gitano». *O Tchatchipen*, 83: 33-39.

Haraway, Donna (1991): *Ciencia, cyborgs y mujeres: la reinvención de la naturaleza*. Madrid: Cátedra.

Heredia Maya, José (2004): *Literatura y antropología.* Granada: Universidad de Granada.

INE, Instituto Nacional de Estatística de Portugal (2024): *Inquérito às Condições de Vida, Origens e Trajetórias da População Residente em Portugal.* Disponible en: https://www.ine.pt/xportal/xmain?xpid=INE&xpgid=ine_destaques&DESTAQUESdest_boui=673364216&DESTAQUESmodo=2 (10/09/2025).

Jiménez González, Nicolás (2025): *Romanó y romipén. Historia, cultura e idioma del Pueblo Gitano.* Madrid: Catarata.

Kapralski, Sławomir (2019): *The destruction of European Roma in KL Auschwitz: A guidebook for visitors.* Oświęcim: Stowarzyszenie Romów w Polsce.

Kenrick, Donald (1998): *Historical dictionary of the Gypsies (Romanies).* Londres: Scarecrow Press.

Kóczé, Angéla y Szász, Anna Lujza, ed. (2018): *Roma Resistance during the Holocaust and in its Aftermath. Collection of Working Papers.* Budapest: Tom Lantos Institute.

Kotljarchuk, Andrej (2016): «Le génocide nazi des Roms en Bélarus et en Ukraine: de l'importance des données de recensement et des recenseurs». *Etudes Tsiganes,* 56-57, 194-215.

Kubica, Helena y Setkiewicz, Piotr (2018): «The Last Stage of the Functioning of Zigeunerlager in Birkenau camp (May - August 1944)». *Memoria,* 10: 5-15.

Kyuchukov, Hristo et al (2015): *Romopedia. Encyklopedia wiedzy o Romach.* Breslavia, Polonia: Fundacja Integracji Społecznej Prom.

Lemkin, Raphael (1944): *Axis Rule in Occupied Europe: Laws of Occupation, Analysis of Government, Propo-*

sals for Redress. Washington D.C: Carnegie Endowment for International Peace.

León-Borja, István Szaszdi (2005): «Consideraciones sobre las cartas de seguro húngaras e hispanas a favor de los egipcianos». *En la España Medieval*, 28, 213-227.

Leoni, Thomas (2004): «The Roma in Austria - A Historical Perspective». *Austrian Institute of Economic Research (WIFO) Working Papers*, n.º 222.

Martínez Martínez, Manuel (2014): *Los gitanos y las gitanas de España a mediados del siglo XVIII: El fracaso de un proyecto de exterminio (1748-1765)*. Almería: Universidad de Almería.

—— (2015): *Nunca más. Homenaje a las víctimas del proyecto de «exterminio» de la minoría gitana iniciado con la redada de 1749*. Almería, España: Círculo Rojo.

—— (2019): *La mujer gitana en la historia. Una lección de resistencia (1539-1765)*. Beau Bassin, Mauricio: Editorial Académica Española.

Marx, Karl (2003): *El dieciocho brumario de Luis Bonaparte*. Madrid: Fundación Federico Engels.

Marsh, Adrian (2008): «The Gypsies of Sulukule; a thousand years of Romani cultural heritage». *Sulukule UNESCO Report*, 17-20.

Matache, Margareta (2020): «It is time reparations are paid for Roma slavery. Romanians continue to actively deny the history of Roma enslavement in Romanian lands». *Al Jazeera*, 5 de octubre de 2020.

Matache, Margareta y Bhabha, Jacqueline (2016): «Roma Slavery: The Case for Reparations». *Foreign Policy In Focus*.

Matache, Margareta et al (2022): *The Roma Holocaust/ Roma Genocide in Southeastern Europe. Between*

Oblivion, Acknowledgment, And Distortion. Nueva York/Boston: The Auschwitz Institute for the Prevention of Genocide and Mass Atrocities and The François-Xavier Bagnoud Center for Health and Human Rights at Harvard University.

Matei, Petre (2022): «Roma Deportations to Transnistria during World War Two. Between Centralised Decision-Making and Local Initiatives». *Shoah: Intervention. Methods. Documentation (s: I. M. O. N.)*, 9(2), 26-50.

Mirga, Andrzej (2011): *El legado de los sobrevivientes: Recuerdos de la persecución nazi contra los pueblos gitanos. Claves para luchar contra el racismo actual.* Disponible en: https://www.un.org/es/el-holocausto-y-el-programa-de-divulgaci%C3%B3n-de-las-naciones-unidas/page/andrzej-mirga (14/08/2025).

Mirga-Kruszelnicka, Anna y Dunajeva, Jekatyerina (2020): *Re-thinking Roma Resistance throughout History: Recounting Stories of Strength and Bravery.* Berlín: ERIAC.

Moreno Herrero, Isidro et al (2017): *La cultura del pueblo gitano en el currículo de la educación obligatoria, a través de su presencia, ausencia y percepción en los libros de texto.* Madrid: Centro Nacional de Innovación e Investigación Educativa.

Müller-Münch, Ingrid (2021): *Tödliche Polizeigewalt gegenüber Sinti und Roma 1945 bis 1980. Eine journalistische Recherche im Auftrag der Unabhängigen Kommission Antiziganismus.* Berlín: Ministerio del Interior.

Open Society Foundations, OSF (2010): *No Data–No Progress. Data Collection in Countries Participating in the Decade of Roma Inclusion 2005–2015. Country*

Findings. Disponible en: https://www.opensocietyfoundations.org/publications/no-data-no-progress-country-findings (15/08/2025).

Ouled, Youssef M. (2023): *Encuesta sobre identificaciones policiales basadas en uso del perfilamiento étnico y racial.* Madrid: Rights International Spain.

Pantoja, Selma (2004): «Inquisição, degredo e mestiçagem em Angola no século xviii». *Revista lusófona de ciência das religiões,* (iii) 5/6: 117-136.

Pasini, Adamo (1931): «Chronicon fratris Hieronymi de Forlivio ab anno mcccxcvii usque ad annum mccccxxxiii». En Muratori, L.A. (Comp.): *Rerum italicarum scriptores : raccolta degli storici italiani dal cinquecento al millecinquecento,* Tomo xix, Parte v. Bologna: Nicola Zanichelli.

Peña Fernández, Pedro (2024): *Los gitanos flamenccos.* Lebrija (Sevilla): Notas Devidas.

Pereira Bastos, José Gabriel (2007): «Que futuro tem Portugal para os portugueses ciganos?». Centro de Estudos de Migracões e Minorias Étnicas, cemme, Working Papers, 5. Disponible en https://adcmoura.pt/pareescuteolhe/wp-content/uploads/2015/09/que-futuro-para-portugueses-ciganos.pdf (08/12/25).

Rudevičs, Normunds (2025): *Roma in Latvia.* Riga: Romu Kultùras Centrs.

Scott, J (2009): *The Art of Not Being Governed: An Anarchist History of Upland Southeast Asia.* New Haven: Yale University Press.

Stoichiță, Victor Ieronim (2016): *La imagen del Otro: negros, judíos, musulmanes y gitanos en el arte occidental en los albores de la Edad Moderna.* Madrid: Cátedra.

Vega de los Reyes, José (2025): *El Dios de los gitanos (yunque, clavo y alcayata).* Sevilla: Ediciones En Huida.
Vojak, Danijel (2017): «Roma also Fought: The History of Romani Participation in the Anti-Fascist Movement in Croatia during World War II». *Roma Rights,*1: 9-16.

Este libro,
EL DEBER DE RESISTIR,
MEMORIA Y LUCHAS DEL PUEBLO GITANO,
se terminó de diseñar, componer y maquetar en Elo,
utilizándose la familia tipográfica Celeste
creada digitalmente por Chris Burke en 1990,
un 27 de enero, día en que se conmemora oficialmente el Holocausto,
sin olvidar que la memoria institucional, durante décadas,
ha dejado fuera el Samudaripen,
el genocidio del Pueblo Gitano,
cuya magnitud sigue sin conocerse con precisión.

Aurkeztu dizugun liburuaren eduki, itxura edo inprimaketari buruzko iritzia guri helarazi nahi izanez gero, bidal iezaguzu. Zinez eskertuko dizugu.

La Editorial le quedará muy reconocida si usted le comunica su opinión acerca del libro que le ofrecemos, así como sobre su presentación e impresión. Le agradecemos también cualquier otra sugerencia.

EDITORIAL TXALAPARTA S.L.L.
Calle Mayor 63
31001 Iruñea
NAFARROA
Tfno.: 948 70 39 34
info@txalaparta.eus
www.txalaparta.eus